黄河鲁韵

——山东沿黄地域风物博览

王东兵　著

山东大学出版社
SHANDONG UNIVERSITY PRESS
·济南·

图书在版编目（CIP）数据

黄河鲁韵 : 山东沿黄地域风物博览 / 王东兵著. 济南 : 山东大学出版社, 2025. 6. -- ISBN 978-7-5607-8835-7

Ⅰ. K295.2

中国国家版本馆 CIP 数据核字第 20252ND562 号

责任编辑　傅　侃
文案编辑　韩思远
封面设计　王东磊

黄河鲁韵：山东沿黄地域风物博览
HUANGHE LU YUN：SHANDONG YAN HUANG DIYU FENGWU BOLAN

出版发行　山东大学出版社
社　　址　山东省济南市山大南路 20 号
邮政编码　250100
发行热线　（0531）88363008
经　　销　新华书店
印　　刷　东港股份有限公司
规　　格　710 毫米 ×1000 毫米　1/16
　　　　　12.5 印张　4 插页　134 千字
版　　次　2025 年 6 月第 1 版
印　　次　2025 年 6 月第 1 次印刷
定　　价　68.00 元

写在《黄河鲁韵——山东沿黄地域风物博览》前

从事此创作的念头，久矣。2021 年是中国共产党成立 100 周年，我收集并整理了大量反映党史主题的美术经典作品，“美术作品中的百年党史”以经典美术作品呈现，以建党百年的时间先后为线索，讲述了在新民主主义革命时期、社会主义革命和建设时期、改革开放和社会主义建设新时期、中国特色社会主义新时代的百年辉煌。通过一系列典型的事例，讲述党的故事、革命的故事、新中国的故事、英雄的故事、建设者的故事，用一幅幅鲜活的画面让青年学子感受党如何带领全国人民一步一步地从站起来、富起来到强起来。我先后为研究生、大学生、中小学生和学生党员做“历史题材美术创作探究——以开国大典为例”“开国大典题材美术作品解读”“百年党史题材美术图像叙事”“美术作品中的百年党史”等专题讲座近四十场。这些故事都发生在黄河流域，而“团结、务实、开拓、拼搏、奉献”的黄河精神正是中国共产党一百年来所践行的，黄河文化是中华民族独特的精神标志，是民族复兴和国家软实力的重要表征，也是中华民族在世界文化激荡中站稳脚跟的坚实根基。这也正是中国共产党不忘初心、砥砺前行的动力。

谢瑞阶 中流砥柱 纸本设色 35cm×47cm 1978 年

从涓涓细流到波澜壮阔，黄河流淌出中华文明最初的身形与气象，创造了灿烂辉煌的历史文化，在每个炎黄子孙的血脉之中留下了永恒的基因，至今仍是我们坚定文化自信的重要根基和实现民族复兴的持久动力。

新中国成立后，制定了综合治理黄河的战略规划，大型水利枢纽工程陆续开建，为黄河题材美术创作的勃兴提供了时代契机。有着“万里黄河第一坝”之称的三门峡大坝开建以来，全国各地的画家纷纷来此描绘这一壮伟工程，其中，以谢瑞阶的黄河题材画作颇具代表性和典型性。

2023 年 8 月 28 日，“黄河颂——王东兵黄河主题美术作品展”在聊城大学黄河学研究院、美术与设计学院联合展览数月，展出的三十余幅油画作品是我历时四个月，在考察、写生、走访、查阅大量资料的行程中完成的，创作内容涵盖黄河的方方面面，既有黄河上游的纵横交错，中游的滚滚泥沙，下游的平缓舒畅，又有黄河的传说和黄河的精神。创作手法上，既有写实，又有写意，还有表现，部分还搭配使用了材料，以此来表现黄河的内涵丰富和神秘多姿。这些作品直观地描绘母亲河的伟大而坚韧、澎湃而激情、倔强而不屈的品格，深层次地探寻了黄河文化，揭示了黄河精神，感受了黄河温度。我努力用油彩的浑厚和笔触的痕迹把对母亲河的热爱深情地定格在画布上，让观赏者产生心灵的共鸣。此展览也作为 2023 年 10 月由山东省民俗学会和聊城大学联合主办的“图绘黄河：黄河流域文化遗产传承与保护学术研讨会”的重要组成部分，让参会者对黄河精神和黄河文化有更立体的感受。如何表现黄河精神、讲好黄河故事，展示这一自然之河、精神之河，是每个时代，每一名文艺工作者都在思考的问题。我也会把感悟黄河、体味黄河、绘画黄河继续下去。

2023 年 10 月 18 日，我申报的《黄河主题美术导论》获批立项资助教材，目前正在编写阶段。该教材以黄河美术为主题，以美术学专业学生和非专业大学生为对象，以多学科视角为切入点，力图博采众长，突出时代感，以黄河美术图像叙事为主线，讲述黄河文化、黄河精神、黄河故事和新中国时期在中国共产党的领导下的黄河治理，黄河生态，黄河流域人民生产建设等方面的成就。该教材力求突破过于看重现象描述、资料整理的模式，讲求知识的相对稳定性，又能适当接触学科前沿，构建一个整体而发展的理论框架，引发不同专业学生的跨学科思考和学习兴趣，从而协同推进课程思政建设。

2023 年秋季和 2024 年春季，我讲授了《黄河主题美术赏析》公共选修课程。来自全校不同专业的 120 余名同学选修了这门课程，课程以文字描述、图片解读、视频感悟、现场观展、交流探讨等形式解读黄河精神和黄河文化。通过观看黄河的形成过程、习近平的黄河情、王克举的《黄河》百米油画长卷，美术经典中的党史中的《中流砥柱》(吴作人)、《保卫黄河三部曲》(冯远)、《夜渡黄河》(艾中信)、《黄河安澜，天下大穰》(卢禹舜)等专题，了解黄河的历史和流域变迁，感悟国家对黄河的治理和保护，体悟画家用画笔对黄河的艺术呈现。将影视片《黄河绝恋》《黄河浪》《黄河在咆哮》《黄河大侠》《太行山上》《青城缘》《铁在烧》等作为课余拓展内容让学生课下观看，也会在课堂适当的环节插播《黄河大合唱》《大黄河》《家在黄河边》《我们是黄河泰山》《黄河黄》《黄河之歌》《天下黄河》等歌曲，让学生全方位地感受黄河文化和黄河精神，增强他们的爱国热情。对于传承弘扬中华优秀传统文化、铸牢中华民族共同体意识、增强中华民族凝聚力、构筑中华民族共有精神家园具有重要意义。

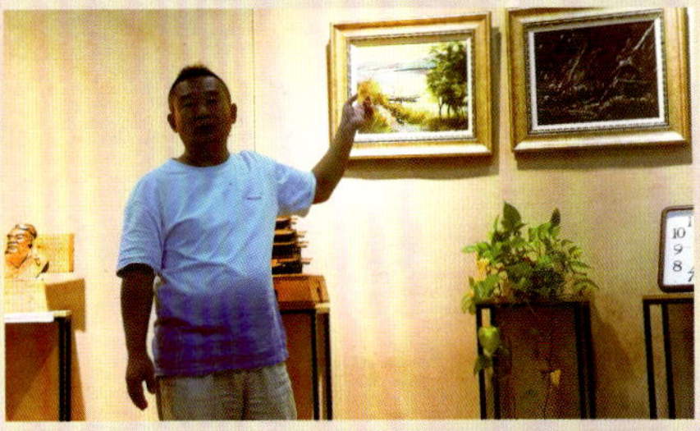

2023 年 3 月至今，我通过资料搜集与查询、调查走访、实地写生、构思创作等形式，完成了 100 幅绘画。绘画多以炭笔速写，以插图的形式置于山东沿黄河地域的情境中。我按照黄河流经齐鲁大地（山东）的先后顺序简述了 25 个县（市、区）的地理位置、基本情况、人文景观、革命旧址、民俗文化、自然风光等，用作品勾勒出黄河流域齐鲁大地丰富多彩的画卷，表现古建筑、纪念塔、红色教育基地、民间故事、名人志士、黄河风景等。《黄河鲁韵》由此而成。这本书图文并茂地展现黄河在齐鲁大地上书写的奇迹。书中每一幅画作都是对黄河文明的深情表达，是对历史的致敬，是对黄河大地的深切热爱，更是对黄河文化和黄河精神的直观解读。以美术作品的形式，图文并茂地诠释黄河文化，能使读者更直观地感受黄河的博大与丰富，也对文旅事业的发展有很大的推广作用。希望通过作品展示，能给同领域师友以启迪，让美术作品的社会功能得以彰显。

以此为记，代为序。

王东兵

2025 年 3 月

目录

CONTENTS

东明县：黄河灵秀　千年牡丹

黄河流经东明县 76 千米。滩区面积 317 平方千米，滩区群众 12 万人，是山东省最大的黄河滩区。

东明县位于菏泽市西部，介于北纬 34° 58′—35° 25′，东经 114° 48′—115° 16′之间。东临菏泽市高新区、曹县，南与河南省兰考县接壤，西北与河南省长垣、濮阳隔河相望。地处黄淮平原，属黄河冲积平原，是历次黄河南北改道的三角地带，境内地势西高东低、南高北低。县境南北长 55 千米，东西宽 35 千米，总面积约 1370 平方千米。

东明县历史悠远，县内有 32 处市级以上非物质文化遗产，其中国家级“非遗”项目有 3 个，分别为大平调、庄子传说和佛汉拳。主要景点有菏泽黄河水利风景区、东明黄河国家湿地公园、庄子文化湿地公园、东明烈士陵园、文庙大成殿等。

东明黄河公路大桥位于县城北 12 千米处，是国道 106 线跨越黄河的特大桥梁，右岸是菜园集乡周寨村，左岸是河南省濮阳市郎中乡。东明黄河公路大桥是山东省境内最长的一座公路大桥，被誉为“齐鲁第一桥”，1993 年 12 月建成通车，大桥南北横跨黄河，连接鲁豫两省。大桥最高处距水面 17 米左右，全长 4142.14 米，宽 18.5 米，双向 4 车道。2014 年 12 月实施大桥改造施工，2017 年 6 月恢复通车。改造后的东明黄河公路大桥主桥采用矮塔斜拉提升连续钢构体系，引桥采用纵向体外束及横向预应力加固，此项技术为亚洲首创。该桥堤防左岸为平交，右岸为立交。

图 1　东明黄河公路大桥

一条笔直的斜线自左下角至右上角成 30 度倾斜，大桥的气势跃然纸上。桥体用粗壮笔直的线条勾勒，垂直的桥基坚硬挺拔，有节奏地打破斜线。远处一条横线将河岸星星点点的树木和滚滚流淌的河水分割，使画面静中有动，动静结合。以仰视的构图形式将主体桥梁和岸边景色的空间关系拉开，产生了较强的空间纵深感，炭笔侧锋的刮蹭效果的运用增加了画面的层次，让黄河特大桥有了神圣感和威严感。

文庙位于县城城关镇一中院内。始建于唐武德二年（619 年），占地约 33000 平方米，设有崇圣殿、东西庑房、戟门、棂星门、名宦祠、乡贤祠、郡邑祠、忠义祠、尊经阁（文昌阁）、奎楼等建筑。由于年代久远，历尽沧桑，战争、洪水侵袭破坏，虽经数次维修，古之建筑所剩无几，现仅存大成殿一座。大成殿初建于明弘治十一年（1498 年），清同治二年（1863 年）被洪水淤没，清光绪十四年（1888 年）重修。殿高 8.8 米，东西宽 21 米，进深 11 米。内有 8 柱擎拱梁，9 檩起架，明柱 4 根，斗拱撑檐，四角上翘。硬山式砖木结构，格扇门窗，殿顶盖黄绿色琉璃瓦，组成菱形花纹，正脊、斜脊饰宝葫芦、大吻、兽头、鲫鱼、海马、风铃等构件。远望雄伟壮丽，近观玲珑别致。

大成殿作为文庙建筑群的核心建筑，乃文庙精华的集中体现，数百年的风侵、雨淋、日晒，残损破漏日趋严重，虽经多次维修，但仍存在房顶漏雨、墙砖酥碱、油漆脱落等情况。1961 年大成殿由县政府拨款维修，1977 年被省文物局批准为“县级重点文物保护单位”。殿内塑有孔子坐像，两旁陈列着石碑等有关文物，四壁的彩绘展现了孔子教书育人、周游列国等场景。

图 2　文庙大成殿

画面选取的角度是大成殿的正面，石砖青瓦，飞檐斗拱，庄严雄伟，门口的两尊石狮屹立在大殿两侧，气势磅礴，令人敬畏。在表现手法上利用明暗对比和点线面营造做整体把握，舍去了一些琐碎的细节，表现整体画面效果。利用炭笔的线条勾勒和色调涂抹，让色块的虚和线的直与实以有序和无序的方式跃然纸上，让历史悠久的文庙大成殿以现代艺术审美的方式展示在观众面前，这也传达了作者对建筑之美的赞美和对文化传承的思考。

东明县五霸岗旧时因盛产向日葵，地势较高并且有一高大广阔的土丘，故命名为“葵丘”。春秋时期，“五霸之首”齐桓公曾于此丘大会诸侯。时因齐桓公是参加会盟的五个诸侯的盟主，为纪念这次会盟，后人就将葵丘更名为“五霸岗”。南北朝时期，渠、王两姓从外地流迁于此，落户扎根，五霸岗村逐渐成型，历经千余年，村名沿用至今。五霸岗村内原有一座五霸寺，原为观音寺，始建年代无考，后为纪念五霸会盟盛事，改观音寺为“五霸寺”。原寺院建筑规模宏大，占地约 2 万平方米，庙宇房舍巍峨壮观，香烟袅袅不断，善男信女，来此祈福者络绎不绝，时盛况空前，闻名百里。寺内有一口硕大的铁钟，相传与开封相国寺的铜钟是姊妹钟，黄河泛滥时，由上游某个地方冲进来的，一个进了相国寺，另一个进了五霸寺。这口铁钟是镇寺之宝，1950 年还在，经县志办人员几次考察，大概由五霸岗村人所收藏。五霸寺在宋徽宗年间曾经重新修缮，修缮碑记录全部经过。1970 年时这块石碑还在，现不知流落何处。现存五霸会盟断碑一通（现存东明县文物单位），赑屃三个，建筑构件若干。据说寺院遗址的田地里有很多没有出土的寺院文物，期待有一天能重见天日，带出更多的寺院故事。

图3　五霸寺

画面选取视角为五霸寺正面及侧面。五霸寺四角攒顶，装饰斗拱，釉瓦覆顶，四脊有石兽。画面用炭笔皴擦来表现建筑件和及墙体效果，以线条表现出栏杆和墙角，配以辅助的色块很好地表现出五霸寺的历史感和厚重感。两侧树林用黑色处理，用皴擦的方式进行渲染，与白色主体物相互衬托，增强了画面的表现力。

图 4　庄子观南华殿

庄子观南华殿在画面中心，占据了整幅画面，给人以庄严神圣之感。大殿前有八柱，中有一门，门上挂着南华殿的牌匾。大殿台阶下立一铜质香炉，供香客上香，画面中的几条横线（房顶、房檐、台阶），几条竖线（八根方正有力的柱子）以水平和垂直的形式构成主体，直线勾勒非常有力，其余用明暗变化的虚实面揉擦，既丰富了画面又不失完整，主体突出，详略得当，很好地表现出建筑背后的人文情感和历史意义。

庄子观位于菜园集乡庄寨村北，始建于唐贞观二年（628 年），初名“南华观”。自唐以来，历代皆有重修，明万历年间（1573—1621 年），清康熙十四年（1675 年）、乾隆十九年（1754 年）和乾隆五十五年（1790 年）均有重修的记载。此观在清朝年间占地 4 公顷，观内楼台亭榭，假山绿水，秀木花草，幽径雅竹，美如仙境，但因屡遭战火、洪水破坏，以致“荒祠余瓦砾，断碣长莓苔”，几成废墟，“文化大革命”期间被拆除。1988 年 4 月，居住在东明、曹县、菏泽、兰考、杞县、原阳等县市的庄氏宗亲捐资重建庄子观。2005 年，因国家黄河标准化堤防建设，庄子观被拆除。2007 年，庄氏族人多方集资，再次重建南华庄子观。南华庄子观大门口有一对楹联：“逍遥漆园听天籁道心润泽百世，安贫南华著真经奇文传诵九州。”庄子观主要包括正殿（南华殿）、东殿堂和西殿堂。正殿内详细介绍庄子的生平事迹，包括庄子的生平及主要理论学说、政治主张和文学造诣等。位于正中的庄子像，左手扶膝，右手凭几，垂耳飘髯，指能弹物，目光炯炯，独具超尘脱俗、仙风道骨之韵。整座铜像神态自然，和蔼可亲，炳焕生光，彰显道家风范。

牡丹区：
牡丹之都　好汉之乡

黄河流经菏泽市牡丹区 14.9 千米。境内河流经多年连续治理，已形成以东鱼河北支和洙赵新河为骨干的两个内河水系，共辖支流 27 条。干、支流河道总长度为 419.23 千米。

牡丹区位于菏泽市西南部，介于北纬 35° 03′—35° 28′，东经 115° 14′—115° 48′ 之间。北靠鄄城，东接郓城、巨野，南邻定陶、曹县，西与东明相连，西北一隅濒临黄河，与河南省濮阳市隔河相望，总面积约 1041 平方千米。

菏泽是著名的牡丹之都和书画之乡、戏曲之乡、曲艺之乡、武术之乡、民间艺术之乡，是中华文明的重要发祥地，传说是伏羲之桑梓，尧舜之故里，素有“天下之中”之称。战国时期孙膑在此创下了“围魏救赵”的光辉战例；黄巢从这里高举义旗，踏上了推翻唐王朝的征程；刘邓大军在这里发起鲁西南战役。这里还是抗日名将赵登禹、著名爱国人士何思源的家乡。

牡丹区畜禽品种资源主要有牛、马、驴、骡、猪、羊、狗、猫、鸡、鸭、鹅、鸽、鹌鹑、兔等，名特家畜家禽有鲁西黄牛、青山羊、小尾寒羊、麻鸡等，其中鲁西黄牛、青山羊、小尾寒羊被誉为“三大国宝”。

图 5　鲁西大黄牛

图中一头黄牛侧立，牛头正对着观众，好像在与观众对话，憨态可掬，画面整体表现得较为轻松，不再追求画面塑造的严谨性，而是追求表现对象的精神美。黄牛轮廓以线浅勾，整体以色块充填，以色的轻重去区分黄牛的体块，很好地表现出鲁西大黄牛的形态特征。

鲁西黄牛是中国著名的“五大名牛”（秦川牛、南阳黄牛、鲁西黄牛、延边牛、晋南牛）之一，又名“山东膘肉牛”，被毛呈棕红或浅黄色，以黄色居多，故名“鲁西黄牛”，主要产于菏泽和济宁两地，基本集中在北自黄河，南至黄河故道，东至运河两岸的三角地带。鲁西黄牛，体躯高大，肌肉发达，前身宽厚，背腰宽平、体大力壮，肉质良好，皮质好，耐粗饲，易管理，不仅能耕耘挽车，还可以食肉，屠宰率高达 50%—55%。雄性鲁西黄牛漂亮俊秀，前躯高大，肩峰发达。母牛后躯发育好，有强盛的生殖能力。一周岁的鲁西黄牛体高可达 1.6 米，体重 700 千克左右。鲁西黄牛耕作时步履沉稳，耐力耐劳，这里的农民对它都有一种特殊的感情。

图 6　小尾寒羊

画面表现了羊母亲和三只小羊在一起的场景，采用了炭笔速写的形式进行艺术创作，不以色块来表现体积，而是以点线进行表现，熟练有力的线条准确地勾勒出小尾寒羊的身体曲线，画面中羊母亲正在侧后方行走，突然转头向前，好像在看向画面前的观众，又像在呼唤它的孩子。三只小羊，一只向后，两只向前，似在嬉戏，似在进食，描绘了温暖温馨“一家人”的情景。画面聚散得当，疏密有致，起伏错落，极富韵律。

小尾寒羊，是中国乃至世界著名的肉裘兼用型绵羊品种，因主产于鲁西和鲁西南，故又称“鲁西和鲁西南小尾寒羊”。菏泽市牡丹区为小尾寒羊主要养殖基地之一。小尾寒羊肉质细嫩，肌间脂肪呈大理石纹状，肥瘦适度，鲜美多汁，肥而不腻，鲜而不膻，营养丰富，蛋白质含量高，胆固醇含量低，富含人体必需的各种氨基酸、维生素、矿物质元素等，是老、弱、妇、幼皆宜的滋补佳品和人们喜爱的美味佳肴。小尾寒羊是中国的名畜良种，有世界“超级羊”及“高腿羊”的美誉。被列入中国《国家畜禽遗传资源保护目录》。

图7　青山羊

图中两只青山羊身体侧立，转头好像在与画面前的观众进行互动。画作以流畅的线条有节奏地表现青山羊的形态特征，将青山羊机警灵活的特征表现出来；地上星星点点的杂草将山羊与环境联系起来，使人仿佛置身画中。

菏泽青山羊是在原山东省青山羊种群的基础上，通过基因筛选、分子遗传育种培育而成的肉、皮兼用型山羊品种。牡丹区的青山羊常年存栏量保持在60万只左右，这种山羊全身有“四青一黑”特征，即背部、唇、角、蹄为青色，两前膝为黑色，故称为“青山羊”。青山羊最大的价值在于肉用，其肉质鲜美，不膻不腻，以青山羊为原料熬制的羊肉汤，白似奶水，水脂交融，质地纯净，鲜而不腻，尤其具有许多药膳功能，因此深受全国消费者的赞誉和青睐。

图8　牡丹花

此图利用中国画白描手法，由中性笔线条勾勒而成。画面呈正三角形构图，依次描绘了牡丹的枝干、叶子、一朵盛开的牡丹花和一朵刚刚开放的花朵。叶子勾勒墨色较重，表现其郁郁葱葱的生命力；花朵墨色稍淡，一是为了区别，二是表现花瓣的柔软与嫩润。整幅画疏密有致，聚散有度，开合有法，物象表达清晰而别致。

菏泽的牡丹栽种历史非常悠久，当地人对这种典雅端庄、气度不凡的花有一种特殊的情感。在菏泽到处都能巧遇爱花惜花的民间“秋翁”，当地懂牡丹的人多，能如数家珍地介绍牡丹的起源、习性、种植历史和价值的人也不在少数。“何人不爱牡丹花，占断城中好物华。”（唐·徐凝）牡丹不仅具有观赏价值，还极具商业价值。菏泽当地还致力打造牡丹产业链，积极推动牡丹产业“接二连三”转型，即从单一种植观赏向精深加工、花卉及产品交易、文化创意等产业形态跨越。过去只看一朵花，而今牡丹栽培基于全产业链的立体综合开发，牡丹绽放出绚丽的“产业之花”。

鄄城县：
伏羲桑梓　尧舜故里

黄河流经菏泽市鄄城县 52.5 千米，流经辖区内临濮镇、董口镇、旧城镇及左营镇。

鄄城县位于菏泽市北部。介于东经 115° 19′—115° 43′，北纬 35° 22′—35° 43′ 之间。东接郓城县，西北两面跨黄河与河南省濮阳市濮阳县、范县毗邻，南接牡丹区。南北约 37 千米、东西约 32 千米，总面积约 1032 平方千米。

鄄城是中华民族开发较早的区域之一，“三皇五帝”中的尧、舜二帝都曾在境内活动，周时为卫国之鄄邑。春秋时期为卫国鄄邑，西汉初置县，是民政部命名的“千年古县”，是战国时期军事家、思想家、一代兵圣——孙膑的故里。县境内既有尧帝陵、舜耕历山遗址、雷泽湖、孙膑墓、陈王读书台、苏御史牌坊等历史人文景观，也有鄄南战役战场、刘邓大军强渡黄河处等革命遗址，还有鲁锦、砖塑、斗鸡、斗羊等丰富的民俗文化。其中，砖塑、商羊舞、鲁锦被列为国家级非物质文化遗产。

图 9　孙膑殿

孙膑殿处在画面中心，巍然而立，两旁有隐约树木，孙膑殿正前方有一香炉，下有台阶围栏，最下面两侧各有一石狮子。作品采用了略仰视角，拉深了画面的空间关系，更加突出主体大殿的雄伟。表现手法上利用明暗对比和线面结构去塑造画面，舍去了琐碎的细节，以保证绘画语言的整体性。利用炭笔的线条勾勒和示意性涂抹，将孙膑殿的历史厚重感表现出来。观者在欣赏作品的同时，也能够从中感受到对生活、历史和文化的深刻思考与体验。

孙膑旅游城坐落在鄄城县东北 20 千米处的宋楼乡境内，占地约 0.67 平方千米。孙膑旅游城是山东省人民政府批准、台湾佛教界人士募资兴建、鄄城县人民政府协助建设的大型旅游景区，是国家 4A 级旅游景区，已被纳入国家首批十二条精品旅游线路之一，并被评为“山东省最具特色影视拍摄基地”。孙膑旅游城是在中国古“亿城寺”遗址的基础上兴建的。

孙膑旅游城划分为三大区域、五大板块。三大区域即孙膑纪念区、佛教文化区、园林游览区，五大板块即孙膑景区中的孙膑军事文化、园林景区中的植被文化、佛教景区中的佛家文化、荆轲庙以及中国历史上的唯一的兄弟合葬墓——羊角哀左伯桃合葬墓。

孙膑纪念区有孙膑纪念馆、孙膑墓、佛塔、孙膑书院；园林游览区包括林荫道、公园、圆融湖、别墅区、花卉盆景区、文化娱苑、驿城宾馆等；佛教文化区的主要建筑由放生池、天王殿、圆通殿、药师殿、大雄宝殿、文殊殿、钟楼、廊、庑、法堂、斋堂等组成。整个旅游城内遍植各种树木花草，有山、有水、有塔、有湖、有林，是休闲避暑、观光旅游、览胜游乐的良好去处，成为我国北方继泰山、“三孔”之后又一旅游观光胜地。孙膑旅游城北临吉山河，西南临向阳河，形成了“二龙戏珠”的格局。

历山古遗址位于距县城 22 千米的闫什镇历山庙村西，是上古舜帝诞生之地和躬耕之所。1980 年文物普查中发现并确定该遗址，经铲探文化层堆积遗物得知，该处分属于山东龙山文化、商周文化和汉文化遗物。当时遗址地表可采集遗物的范围东西 45 米，南北 77 米，总面积 3465 平方米。地表采集遗物主要有陶片、人骨、木炭、蚌片、烧土块和金属冶炼渣。陶片以夹砂红陶和夹砂灰陶为主，泥质灰陶次之，纹饰以绳纹为最多，方格纹、篮纹也占有一定比例，此外还有少量的磨光黑陶。鄄城县境内的舜耕历山古遗址，是优秀传统文化的重要载体，也是开展德育教育的重要活动基地。要加强对历山古遗址的保护利用，使其在鄄城社会经济文化发展中发挥力量。

图 10　历山古遗址

画面中，一座造型古朴的院子仿若穿越历史，将上古舜帝的生活景象呈现在人们眼前。历经风雨的石制建筑一字展开在画面中，中间有一大门，两侧有侧门和相连耳室，耳室北有木窗，大门上有牌匾，西侧有一石碑，飞檐斗拱，两侧翘起，上有四组瑞兽。在表现手法上，视觉中心的实向两侧的虚慢慢过渡，用笔的强与弱也有节奏地呈现，错落有致的点疏疏密密地点缀在画面中，既是画面语言的丰富，又是历史沧桑的讲述，画作阐述着历山古遗址所承载的厚重文化。

梅花拳，古称梅花桩，亦称花拳、梅拳、父子拳等，是比较古老的拳种之一。对于梅花拳的源名与来历，历来说法不一，有的说始于公元前，有三千年历史，并经历了四次重大变革，有的说源于明末。祖师也说法不一，有的说始于释佛，有的认为源于道家。拳种分类上，有的说梅花拳分为落地梅花拳、干支梅花拳、中心梅花拳，还有的说梅花拳分为穿心梅、干支梅、落地梅、五行梅等。

鄄城梅花拳是山东省的传统拳术之一。三辈扎根，四代传法，五代兴盛，至清朝乾隆年间已发展迅速开来。菏泽鄄城梅花拳四至十代先师传拳根源很多。最主要的是河北广府鸡泽县柏枝寺焦彦章师爷于道光年间来菏泽传道十二年，在菏泽高庄集收白师爷为徒，白师爷与焦师爷传道黄河两岸。故将此支称为白家支。另外，清末至民国年间，濮阳拳师来菏传艺，菏泽与河北（特别是濮阳）梅花拳师技艺交融，也丰富了菏泽梅花拳。

图 11　梅花拳

图中男子左腿前出做半蹲状，右腿向后屈伸拉直，上身直立，两臂向外伸展，做大开大合之态，头颈直立，目视前方，一脸坚毅。此作品线条简练有力，多用生硬的直线，线的长与短、疏与密、开与合、转与承，展示出梅花拳的力量之美、动态之美，突出了中华武术的博大精深。

鲁西斗鸡活动历史悠久。春秋战国时期就有十几米高的斗鸡台，民间有《斗鸡台怀古》乐曲流传。参加比斗的鸡，古称唆鸡，俗称咬鸡，是一种珍贵的观赏型好斗鸡种，比斗前大都经过专门饲养和训练。

1981 年，鄄城县建起了“鲁西斗鸡保种饲养场”。1983 年后，一些县区成立了“斗鸡协会”，把斗鸡比赛作为群众文体活动的一项内容，定期举办比赛。中国农业电影制片厂曾在鄄城拍摄了新闻纪录片《斗鸡》。菏泽的斗鸡，身似鸵鸟，体态雄健，肌肉发达，动作敏捷，生性善斗，是我国特有的观赏型珍贵鸡种。在鄄城，几乎每个月都会有斗鸡活动。每年 4 月份，菏泽国际牡丹文化旅游节的时候，还会举办精彩的斗鸡节。目前，斗鸡已经成为当地的传统习俗，也成了一个标志符号。每次斗鸡比赛时，总是热闹异常。斗鸡比赛有一套严格的规则，由裁判按规则进行。斗鸡的主持人叫“鸡头家”“鸡头”。斗鸡一般 15 分钟为一局，两端各备有清水一桶，供“使水”之用，“使水”就是为了斗鸡保持清醒，不使鸡的体温继续升高。胜利的斗鸡会被主人嘴对嘴喂水，以表达对斗鸡的喜爱和慰劳。

图 12　斗鸡

画面中两只斗鸡正在进行打斗。两只斗鸡鸡头羽毛炸起，四目相对，一鸡背对观众，另一鸡伫立，一脚触立，一脚抬起，战斗一触即发，画面虽然表面平静，但是充满火药味。表现手法上以大面积的色块的搓染来塑造画面，增强了对动态和体块的概括，概括的造型具有力量感，使战斗场面更加突出，展现了斗鸡比赛的紧张气氛。

郓城县：水浒古城　好汉郓城

黄河流经郓城县 34 千米。先后流经张鲁集、李集、黄集 3 镇，奔腾的河水为郓城带来了独特的文化与自然环境。

郓城县位于菏泽市东北部。介于北纬 35° 19′—35° 52′，东经 115° 40′—116° 08′ 之间。东临济宁市梁山县、嘉祥县，南与菏泽市巨野县、牡丹区相连，西与鄄城县为邻，北隔黄河与河南省濮阳市范县、台前县相望。全境南北最长约 44.39 千米，东西最宽约 35.71 千米，总面积约 1643 平方千米。

郓城县现有重点文物保护单位 46 处，馆藏文物 1400 多件，其中国家珍贵文物 300 余件（截至 2010 年）。境内有肖堌堆商代古文化遗址、苏庄汉墓群、五代唐塔、金代名相史惟良墓等。一些与《水浒传》有关的遗迹、遗址较多，宋江故里的宋坑、宋井、宋林，智取生辰纲的黄泥岗等古迹犹存。

郓城观音寺塔位于县文物管理处大门内水塘中。该塔因建于观音寺（已毁）内而得名。塔原有 7 层，建于五代后唐长兴二年（931 年），故又称唐塔。郓城观音寺塔为八棱四门楼阁式砖塔，东西南北设窗，其余设假窗，现有塔门设在北面，沿砖石阶梯穿过塔心柱转折上升，二层起有

图 13　观音塔

在构图中舍去了观音塔周围的景物，只保留观音塔本体，为了更好地表现主体效果，在画面中，以略微仰视的视角来表现观音塔，以拉深画面整体的空间关系。不再以严谨的造型来表现塔身，而是突出表现观音塔的精神感、历史感和厚重感。用侧峰横擦来表现塔身斑驳的外墙，以实线表现棱角，虚中有实，实中有虚，舍去细节，去表存真，将观音塔历经的风雨表现在画面之中。

回廊环绕塔心柱作为通道。塔原高七级，明代之前因地震塔顶倒塌，明正统年间又被黄河决口淤没，地面之上现存四级，1992 年至 1993 年进行维修，1993 年，塔经重新整修复原，并辟为公园。1996 年修建唐塔大门，2009 年增设唐塔亮化系统。塔内现有观音造像艺术展，传统观音泥塑八尊，铜质千手观音一尊，观音画像三十余龛。塔心室和佛龛顶部，由层层砖斗拱环砌成拱顶，斗拱制作精良，层层内收，结构严谨，错落有致，有鬼斧神工之妙，连塔内回廊顶部，也由砖斗拱精砌而成。

郓城是中国好汉之乡。郓城水浒好汉城景区位于县城水浒路西段，是国家 4A 级旅游景区，占地面积约 0.4 平方千米，有 36 院落、72 景观、108 个景点。是集忠义楼、郓城县衙、晁家庄等原汁原味的古代建筑群和宋江武校的武术教学与交流，以及狗娃艺术团的武术、舞蹈及水浒情景剧表演于一体的综合性人文景观。水浒好汉城是山东省十大旅游目的地品牌之一“水浒故里”的核心景区之一。它还是中华古民居博物馆、央视推荐的钻石旅游线路、水浒故事的源头景区。近年来，该景区采用整体搬迁的方式，按照古建筑修复“不改变原貌”的原则，将散落在山西、陕西、浙江、安徽等地民间具有水浒文化特色的元、明、清建筑征集到郓城。现已建成了古城墙、忠义楼、乌龙院、宋江武馆、朱贵酒店、晁氏庄园和狗娃大剧场等一批景点，此外，对郓城古县衙、文庙等进行了恢复，景区水浒风格已经显现。另外，水浒好汉城四期工程将水浒文化中心、水浒客栈、水浒美食街、水浒市井荟、中华武志馆、六艺学堂、枕水人家精品民宿、勾栏瓦肆水浒戏社、水岸闾里、餐饮文娱街等融为一体。

图 14　水浒好汉城

画面所表现的是水浒好汉城正门景象，选取的角度是水浒好汉城的正面，此门是宋式建筑，城墙威严，青砖灰瓦，高不可攀，前有护城河，中有角门可供出入，城垛突出，上有箭垛排列，城垛上有箭楼，雕梁画栋，飞檐斗拱，庄严雄伟，一副气象森严之感。在画面构图上采用仰视角度，把城墙空间和环境深度拉开，利用炭笔的线条勾勒和涂抹，再加上揉擦增加了画面的层次。通过对此建筑的细致观察和精心绘制，揭示了好汉城背后的人文情感和历史意义。

郓城是国家首批中国武术之乡。大洪拳在郓城已流传250余年，是郓城流行的主要拳种之一，其中又分吴皮大洪拳、黄河崖大洪拳、任垓大洪拳、潘渡大洪拳、黄岗大洪拳等多种流派，各具风格。大洪拳属“少林罗汉大洪拳”的主要分支（少林罗汉大洪拳源于宋太祖。宋太祖有三十二式长拳、六步拳、猴拳等式），主要招式集刚、猛、紧、稳、小五宗之法，皆为宋太祖所传。大洪拳以五行为主，即龙拳练背、虎拳练骨、豹拳练力、蛇拳练气、鹤拳练精。其入门功夫，先练“五花炮”，身法讲究“起落进退反侧收纵”八法，使手眼身法步运用自如。在此基础上，接着练单拳、罗汉架、跑步架（炮锤架）、二红架、身法架、大红架、四厢架、五行架、六合架、七星架、八卦架、九宫连环架等架式，然后练对打拳：“窜花”、“跳楼”、“五风赞”、大小“二红”、大小“过桥”、“二龙戏珠”、“三人打”、“拳打二人忙”等30余趟。在拳术练到一定程度后，再练枪、刀、剑、戟等硬器械以及绳鞭、流星锤等软器械。现保留单人器械32趟、对打器械41趟。练习大洪拳可活动筋骨、疏通经络，防可以护身，攻可以制敌，深受广大群众的喜爱。2009年9月，大洪拳被评为省级非物质文化遗产。

图 15　大洪拳

画面中武者两腿半蹲，做马步之势，前脚探出，脚掌回拢，后脚蹲立，做支撑取力姿态，气沉丹田，收腰提腹，其身着马甲，袒露双臂，前手探出，做虎爪状，似有饿虎扑食之势，后手收回，做防护之状，武者头部侧立，目视前方，似要迎敌。武者的神态动作展现得淋漓尽致，用笔遒劲，线条有力，极好地展现了中华武术的博大精深。

图 16　鲁西南战役指挥部旧址

画面采用成角构图形式，四条倾斜线仿佛将建筑物拉远，表现了其外观的庄严与肃穆，用粗壮有力的线条勾勒轮廓，局部的装饰与结构用点化有节奏的布局，以写意的手法表现整体。画面单纯、明快，有力地阐明了主题。

鲁西南战役指挥部旧址纪念馆即郓城县革命烈士陵园，始建于 1959 年，是以鲁西南战役为历史背景兴建的一处进行革命传统教育和爱国主义教育的红色旅游基地。

郓城作为革命老区、鲁西南战役的指挥中心，蕴涵着丰富的爱国主义教育资源，是进行革命传统教育、爱国主义教育的重要场所。近年来，郓城在建设、管理和发挥烈士陵园教育作用方面做出了积极努力，得到了上级有关部门和社会各界的大力支持。吸引了大批的游客特别是青少年学生前来缅怀革命先烈的英雄事迹和丰功伟绩，对在中国共产党的领导下，军民团结一致、前仆后继、浴血奋战、建立社会主义新中国有了更加深刻的认识。

2013 年，为进一步满足开展革命传统教育活动的需要，对室外景观进行了升级改造。升级改造内容主要包括对纪念碑及烈士墓等设施的升级改造、景观休闲区的绿化升级、大门的改造、景区旅游路的修建等四部分。2014 年，县烈士陵园被纳入省级管理烈士陵园。2015 年，中共山东省委党史研究室确定纪念馆为山东省党史教育基地。

梁山县：水浒故里 忠义彪炳

黄河流经梁山县30.2千米。流经小路口、赵堌堆、黑虎庙3个乡镇，滩区面积43平方千米，区内建有20千米长的临黄观光路，连带发展了滩区西瓜园、黄河玫瑰园、金谷种植园等，以堤坝平台、绿植景观“点靓”黄河沿岸。

梁山县位于济宁市西北部。介于北纬35°36′—35°58′、东经115°51′—116°21′之间。地处山东、河南两省和济宁、泰安、菏泽、濮阳四市交界处；东邻汶上县，西毗郓城县，南连嘉祥县，北接东平县，西北与河南省台前县隔黄河相望。县境南北最长41千米，东西最长45千米，总面积约965平方千米。

梁山风景区自然、水浒景观景点主要有梁山古寨、靖忠庙、聚义厅、宋江马道、号令台、石碣文台、宋江井、一关、二关、李逵塑像、黑风口、扭头门、杏花村等。儒释道三教旅游景观群位于雪山峰南麓，标志性建筑有莲台寺、法兴寺、西竺禅师墓碑、八角琉璃井、问礼堂等系列古迹，形成了多元文化交相辉映的古迹群落。其中，莲台寺和法兴寺为佛教圣地，皆创建于唐朝。梁山还是中华武术四大发祥地之一，与少林、武当、峨眉齐名。梁山民俗文化璀璨夺目，独具特色。如斗鸡、斗羊、斗狗、猫狗大

图 17　梁山

“水泊梁山”石刻作为背景，画面以写意的手法塑造，整个画面大面积是石头，作为一个整体，以规则和不规则的色块穿插在石缝间隙，这些色块的大小和深浅代表着树木和杂草，山石树草浑然一体，整个作品生动简练。前方一习武少年，少年两臂展开，做大鹏展翅状，身体前倾，右腿半蹲，左腿向后伸展，动态稍作勾勒，不做细节刻画，但其栩栩如生的神态跃然纸上，将观众带入义武的水泊文化之中。

战、狗追兔子等斗兽表演，唢呐、高跷、舞狮、秧歌等富有参与性的文娱活动为梁山绝活。梁山民俗旅游活动主要有水浒文化节、庙会、春节万人登山活动、菊花会、品酒大会、“敲平安锣，擂吉祥鼓”活动等。其中，梁山县分别在 1993、1994 和 1997 年举办水浒文化节，并确定每两年举办一届。

梁山，位于县城东南，由虎头峰、雪山峰、郝山峰、小黄山等七支脉组成，占地面积 3.5 平方千米。本名“良山”，因春秋时期附近有良邑而得名。公元前 168 年（汉文帝前元十二年），文帝封第二子刘武为梁王，曾猎于此山，死后并葬于山北麓，“良山”遂易名“梁山”。又因处于古梁山泊，亦称水泊梁山。整个山体气势雄浑，风光秀丽，加之得天独厚的地理位置和山险水恶的自然环境，自宋代后，便成为农民起义军扎营据守之地。山上山下遍布义军遗址遗迹及文化遗迹。影响最大、在当地民间流传最广的为《水浒传》描述的北宋末年宋江领导的农民起义。20 世纪 80 年代始，梁山县开始对梁山进行旅游开发，成为国家级 4A 级景区。

梁山历史悠久、文化独特，是一座人文厚重的忠义之城。早在五千年前，就有先民在此渔猎耕耘、繁衍生息。西汉年间为皇家猎场，汉文帝之子梁孝王封地，并因梁孝王病故葬于山麓而得名。贾岛、高适、苏辙等名家都曾到此游历，留下千古名篇。五代至北宋，黄河多次溃决，大水汇于梁山脚下，形成八百里水泊。北宋宣和年间，宋江广招天下好汉聚义梁山，忠肝义胆、扶危济困，明朝文学巨匠施耐庵写就名著《水浒传》，水泊梁山从此名扬天下，忠义故事开始美名远播。

图 18　梁山古寨

正面刻画了梁山古寨，将其放置在画面中央，用线和点来表现砖石的斑驳。古寨两旁和后方为疏密错落的树木，用黑色色块进行概括处理，犹如昔日的梁山好汉化身，形态各异，衬托出前方古寨的层次，用皴擦的方式进行渲染增加了画面的层次。斑驳的寨墙和古朴的寨体无不凸显其历史的厚重之感。

图 19 法兴寺

这是一幅远景图。前后为山石树木，法兴寺屹立山中，画面中庙宇林立，飞檐斗拱，庄严雄伟，中间高塔耸立，威严气质扑面而来，运用明暗对比去碰撞形与形的关系，在色点与色斑中挤压细节，整个作品细腻与生动并存，既生动地展示了艺术语言，又形象地阐释了中国文化。

梁山法兴寺和莲台寺原为唐代高僧所创，唐代时曾为佛教圣地，宋、明、清都曾重修。史载唐朝女皇武则天两次驾临两寺，明代梁山法兴寺住持东鲁西竺禅师率梁山僧兵三千余人开赴胶东协助戚继光抗击倭寇，立下爱国功绩，从而使法兴寺声名远震。清乾隆皇帝六下江南，路经梁山泊时也曾经进寺与住持对诗。现在的梁山法兴寺仅存大殿、厢房遗址、钟架、抗倭英雄东鲁西竺禅师墓塔、墓碑等。重建的梁山法兴寺在遗址南端，坐西朝东，中

轴线对称布局，现在只有大雄宝殿、客堂、斋堂和寮房投入使用，其他殿堂只建成框架，已经基本成型。包括佛法研修区、寺庙生活区、生活辅助区、公共活动区等四大板块，修复大雄宝殿、法堂、藏经阁等主体内容，彰显“拙朴古雅、禅意盎然”。梁山法兴寺为开展佛教文化活动搭建了有力的平台，进一步展示水浒文化的丰厚性和多样性提升梁山风景区的品质和内涵，推进梁山水浒文化旅游产业快速发展。法兴寺被列为省级文物保护单位、省级爱国主义教育基地。

1986年春季，梁山举行了中国斗羊赛羊大会。1988年梁山成立斗羊协会，从此斗羊被列为地方特色旅游观光项目。斗羊一般用雄性小尾寒羊。斗羊在旧时称“风波事”，今天发展为一种娱乐，但仍十分在乎输赢，俗谓“兄弟斗羊不相让”。斗羊的场所一般在集市或古会（庙会）上，斗羊前先期相约相激，最后定下日子，观众在旁记住斗羊日期，名为“听风”，接力口传消息，谓之“风传”。到约定日期，选斗羊有名气、“压众”的数人为“主事的”，选定场地，用鞭杆划定界限。观众自动聚集，动辄上万。赛时“主事的”将斗羊按年龄、体重、名气分类，轮番入场，一对一对地斗，单循环赛，俗称“打胜家”，最终的胜利者称为“名羊”。“名羊”各有外号，如“黑蛋”“满天星”“黑蹄”“蝼蛄蹄”等。斗羊的方式有两种：一种自由斗，放开两只羊自行争斗；另一种拉开斗，由主人拉着拉开一定距离，猛回头斗一个回合拉开再斗，直到决出胜负。斗羊开始，只听得一阵悠扬的丝竹音乐，伴着富有鲁西南特色的唢呐声，两只气势汹汹的雄性大绵羊出场了。它们先是悠闲地散步，走到一起，彼此挠毛、接吻，甚是亲密，看不出一点武斗的架势。一会儿，随着音乐节奏的逐步加快，并伴以紧锣密鼓，一派武将即将登场的气氛油然而生。两只决斗的绵羊眼圈渐渐红了，彼此用角互蹭，口中还嗞嗞作响。待角蹭频乱，只听裁判员一声哨令，两家主人便把羊拉开约50米距离。这时音乐骤然停止，只听当的一声锣响，主人用力一拍羊屁股，两只羊像猛虎下山般互相抵去，一霎时，两个羊头四只大角相撞，迸发出嘭的一声响，那情景真是扣人心弦，蔚为壮观。如此反复，大约要斗几个回合，方能决出胜负。

图 20　斗羊

在画面中，两只羊高高跃起，将双角对向对方，进行角力，一只正侧一只背侧，中间留下了对撞的空间，地上还有零碎杂草点缀。线条干脆准确，有力地把握羊的形体特征，直线的造型突出雄健的体魄，简洁的犹如雕塑般厚实，突出其中蕴含的无穷力量。羊身体以炭笔擦搓表现，恰到好处，虚实明暗准确到位。此图正是抓住了一个瞬间，将斗羊的高潮时刻恰到好处地呈现，给观众带来了无限遐想。

东平县：
人文胜境　秀美东平

黄河流经东平县约 36 千米。主要流经辖区内的银山与斑鸠店两镇。

东平县位于泰安市东北部。介于北纬 35° 46′—36° 10′，东经 116° 02′—116° 39′之间。东与肥城市毗邻，南与汶上县、梁山县接壤，西部隔黄河与东阿县、阳谷县，河南省台前县相望，北与平阴县搭界，全县土地总面积约 1330.44 平方千米，地势东北高、西南低，县境内拥有多种地貌类型，山地、丘陵、平原、洼地、湖泊、河流兼而有之。

东平县历史悠久，境内黄河、大运河、大汶河三河交汇，大汶口文化、宗教文化、名人文化、渔家文化、民俗文化等相互交融，“运河之心”戴村坝被列为世界文化遗产。东平是水浒文化的发祥地，全县共有自然、人文景观 400 余处，其中国家级景区、景点 5 处。境内的东平湖是山东省第二大淡水湖、国家南水北调东线工程的重要枢纽，也是“八百里水泊”的唯一遗存水域。东平县文物古迹数量众多、范围宽广、内容丰富、保存完好、影响较大，属于山东省“重点文物大县”。东平县不可移动文物共登记文物点487处（石窟寺石刻202处、古建筑92处、古墓葬73处、古遗址86处、近现代34处），被列入各级文物保护单位的达82处，其中世界文化遗产1处（京杭运河东平段）、国家级重点文物保护单位4处（白佛山石窟造像、洪顶山摩崖刻经、司里山摩崖造像、戴村坝）、省级13处、市级25处、县级40处。野外文物中以石刻影响最大，造像自东魏武定年间开始，直至清代。有造像20余处，大小千余尊。东平县是革命老区，境内遗存有许多革命遗址、遗迹、革命纪念设施等。馆藏文物10万余件，其中一级文物3件、二级11件、三级60件、待定级珍贵文物200余件。截至2022年末，东平县有世界级文化遗产1处，全国重点文物保护单位4处，省级文物保护单位13处。截至2022年末，东平县有国家级非物质文化遗产2处，省级非物质文化遗产8处。

白佛山坐落于东平镇焦村正北边，东靠东平县城，南临大清河，西望东平湖，北依群山，是全国重点文物保护单位。白佛山石窟造像群坐落在山阳海拔 300 米的幽谷岑寂之处，共分四窟，造像 148 尊（今存 132 尊）。主峰海拔 370 米，傲视江淮，绵延迤北挺立十余个山头，若巨龙遨游寰宇，似猛虎横卧东原，岗峦层起，气象万千，分布有石窟造像、祥云洞、三教寺、玉皇阁、碑刻等文化遗迹，因山上有隋代石窟造像而远近闻名。石窟造像共有大小造像 134 尊，分为隋窟、唐窟、小唐窟、宋窟和露天造像 5 部分。其中隋窟始凿于开皇七年（587 年），窟内阿弥陀佛像通高 6.7 米，结跏趺于莲座，螺纹肉髻，面相浑圆，手施无畏、与愿印。2001 年列入国家级文物保护单位，被誉为“齐鲁隋代第一佛”。

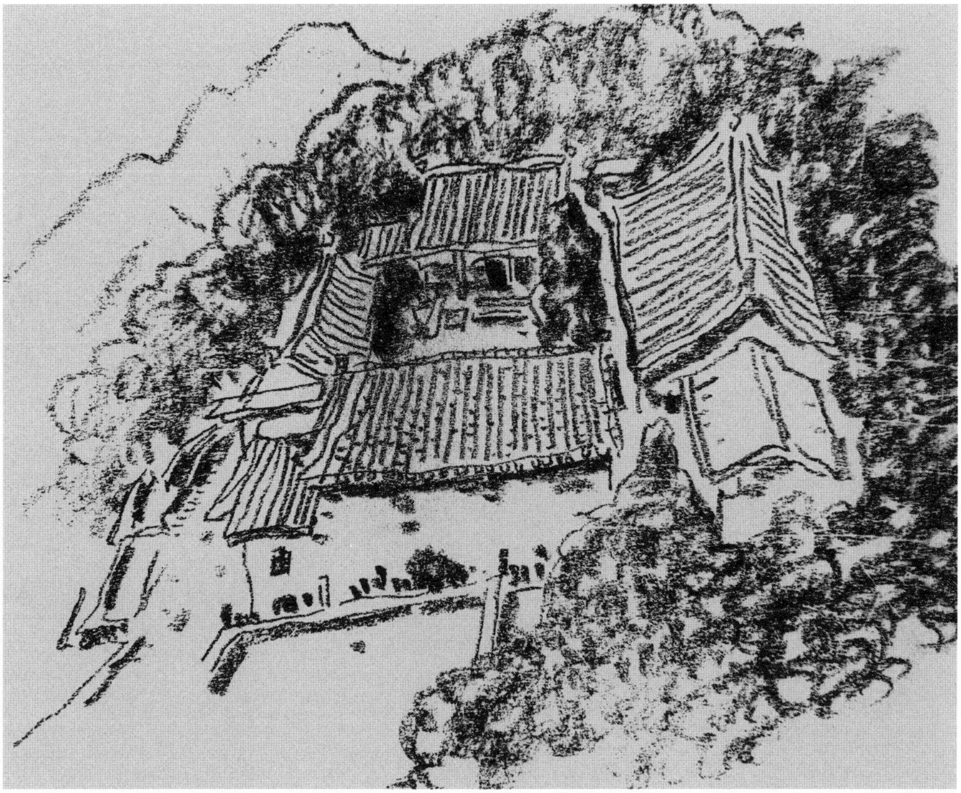

图 21　白佛山建筑群

这是一幅鸟瞰图。四周是茂密的树林，以富有节奏感的曲线模糊的手法进行表现，中间寺庙院落以直线勾勒轮廓，用松动的疏密线刻画房顶的瓦楞，以突出画面中心的主体。画面建筑有大有小，有节奏地组合排列，自身就形成了画面的骨骼，这种利用黑白灰的布局更加张弛有度，疏密有致地刻画出这一盛景的灵秀。

图 22　水浒影视城古街道

画面中心为一仿古牌坊，开有三门，两侧为走廊街道，皆为仿古建筑，后方高低错落的建筑有节奏地相互衬托，画面表现上，舍弃了细枝末节，专注于表现建筑与建筑之间形成的疏密、长短、曲直、方圆的符号化的造型节奏。多以虚实线架构画面，再以适当的黑白灰布局衬托建筑在自然光线下的变化，用硬质炭笔皴擦进行渲染，增加了画面的层次，突出了画面整体氛围。

水浒影视城，始建于2009年，占地面积约30万平方米，是以施耐庵、罗贯中长篇小说《水浒传》为建筑蓝本和唐宋文化为背景的仿古建筑群，国家4A级旅游景区。以影视拍摄服务为主，兼具观光旅游、文化娱乐、休闲度假等功能的综合性旅游区。主要景点有古镇城门、东平府、钟鼓楼、樊楼、端王府、太师府、戏台、太尉府、郑屠肉铺、王婆茶馆、寺庙、山洞、南门瓮城、阳谷县衙、西门药店、武大郎饼店、民俗园、青楼、小府邸、擂台等。

水浒影视城是86集新版《水浒传》拍摄地，以《水浒传》中描述的人物故事为背景，充分展现水浒故里历史风貌和民俗人情，从而为游客活读《水浒传》、体验水浒文化的独特魅力打造平台。中国的建筑艺术至北宋时期进入了一个新的发展阶段，追求工细柔美、秀丽绚烂而富有变化。根据建筑文献《营造法式》，当年的官式建筑必须按照营造法，才能体现封建社会严格的等级制度，所以在恢复“水浒”文化历史原貌和保障重新拍摄水浒影视剧的前提下，水浒影视城内部的建筑形式相当丰富，或气势雄伟或精巧绝伦或古朴粗犷或野趣横生，跨入城中，犹如进入历史，迈步城中，宛若畅游千年。这些建筑古风浓郁，细致逼真的做旧工艺营造了北宋时期特定的历史氛围。水浒影视城已发展成为集文化体验、风情展示、休闲度假、影视拍摄，游客集散于一体的综合性旅游服务区，成为中国水浒文化旅游的新高地和国内最佳影视拍摄地，有“东方好莱坞”的美誉。

六工山位于斑鸠店镇南部，因由12个山峰组成，每2个连成一个工字形，共6个工字形，故名六工山。主峰海拔189米。山寨设有三关，建在离湖平面22米高的悬崖上，南北长136米，东西宽132米，气势雄伟，蔚为壮观。一关设有正副寨门、瞭望台、钟鼓楼、箭楼，易守难攻，是梁山群雄抗衡官兵的第一道关隘。关城内有演武场、点将台、礌石阵、瓮城、南北二门，是水浒英雄操练兵马、排兵布阵的场所。二关高出湖面66米，门楼高15米，设有点将台、瞭望台和南北两个角楼。前是演武场，背依高山丛林，进可攻，退可守，是抵御官兵的第二道关隘。从二关纵深，进入蜿蜒崎岖的216级山道台阶，寓含三十六天罡、七十二地煞，一百零八好汉。三关高出湖面160米，关门高14米，视野开阔，可俯瞰水陆全景。穿过三关后，有前厅、南北议事厅、侧门、忠义堂、雁台、钟鼓二楼、替天行道旗等，是群雄议事、一百单八将排列座次的场所。

水寨有8艘古战船，2个瞭望台，3600平方米的水上平台是水军作战基地，并以吊桥和天桥平台与山寨连接，山水相连，浑然一体。水寨周围有万亩天然湿地，芦苇丛生，是游客体验水浒文化、休闲度假的理想胜地。

图 23　六工山水浒大寨

这是一幅远眺图，将六工山水浒大寨寨体全貌概括其中，画面前方最先映入眼帘的是山寨大门及其城墙，寨门前方有阶梯依次而下，两边及其周围由郁郁葱葱的树木环绕，山寨中则是楼宇林立，高低错落，前后有序，左右互衬。在画面表现上，利用黑白灰色调的节奏加上点线面的层次，用写意的手法一气呵成，在似与不似之间将这一场景进行了艺术性的诠释与解读。

罗贯中是闻名世界的文学大家，经过国内外专家学者的多年研究，罗贯中籍贯在东平已基本成为学术界的共识。罗贯中纪念馆坐落于东平县城新区罗庄村，北依白佛山，南临大清河。罗贯中纪念馆是一处集学术研究、资料查询、碑林观赏于一体的园林式建筑，也是“水上东平游”线路的重要景点。

图 24　罗贯中纪念馆

作品选取罗贯中纪念馆的正面全景，构图上采用仰视的视角，使得整个建筑呈现顶天立地之态屹立在画面之上。该建筑呈三角形构图方式，稳稳地坐落在画面中央，雕梁画柱，飞檐斗拱，庄严雄伟。表现手法上，利用炭笔的线条勾勒和层次涂抹，再加上点的浓淡布局增加了画面的层次，突出了主题，诠释了绘画语言，此建筑物不仅是物理存在，更是文化、历史和人类情感的载体。

阳谷县：
打虎故地　英雄阳谷

黄河流经阳谷县 3.1 千米。黄河支流金堤河流经阳谷县 49.73 千米。近年来，聊城市抓住黄河流域生态保护和高质量发展重大战略机遇，着力强化黄河文旅资源挖掘利用，扎实推进黄河文化保护传承弘扬，取得了一定成效。

阳谷县位于聊城市西南。介于东经 115° 38′—116° 06′，北纬 35° 55′—36° 18′之间。东临东阿县，西毗莘县，南与河南省台前县接壤，北接东昌府区，东南隔黄河与东平县相望。县境西起西湖乡西界之金线河，东止于阿城镇东南角之黄河，东西长 42.14 千米；北起郭店屯镇北界之三干渠，南至寿张镇南境之金堤外，南北宽 42.59 千米，总面积 1065 平方千米。

全县范围内共有文物保护单位 66 处，其中全国重点文物保护单位 2 处 8 点，省级文物保护单位 14 处，市级文物保护单位 24 处，县级文物保护单位 26 处。如：景阳冈遗址（龙山文化城址）、狮子楼、中国大运河——会通河阳谷段、蚩尤冢遗址、海会寺、坡里教堂（坡里暴动旧址）、沙河崖刘邓大军渡黄河指挥部旧址、迷魂阵（孙膑碑）等。

景阳冈位于距离县城东 16 千米的张秋镇境内。为《水浒传》中描述的武松打虎处，也是龙山文化城遗址所在地。

图 25　景阳冈武松庙

武松庙是位于阳冈北冈之巅。画面中，武松庙坐落于郁郁葱葱的树木间，在阳光照射下黑白对比强烈。画面利用仰视的构图形式，把庙宇空间和环境深度拉开，利用中性笔的线条勾勒和光影涂抹，再加上记号笔的干笔进行揉擦，增加了画面的层次，增强了位于景阳冈景区顶端的武松庙的阳刚之气和威严之感。

总占地面积 0.33 平方千米，其中水面 0.1 平方千米。景阳冈上沙丘起伏，莽草丛生，林荫蔽日，一派荒野景象。其主要景点有三碗不过冈酒店、乡民告示处、县衙告示处、山神庙、武松打虎处、石碑、虎啸亭、武松庙、湖心岛、钓鱼台、碑林、虎池、猴山、鹿苑、箭场等 20 余处。“武松打虎处”石碑为南宋时期所立。山神庙已有 200 余年的历史，共 3 间，建在长 30 米、宽 25 米、高 4 米的土台上，坐北朝南，青砖灰瓦。庙内塑有武松打虎造像。庙的左前方立有原中共山东省委书记舒同题写的“景阳冈”石碑，右前方立有著名书法家杨萱庭书写的高 3 米的“虎”字碑。虎啸亭位于景区西部，六角单檐，由徐悲鸿的夫人、书法家廖静文题名。碑林在山神庙以北，因为武松打虎的故事广为流传，所以到景阳冈参观旅游的学术界名人大都在此题词、赋诗、作书、绘画。经有关人员整理后，刻石立碑。武松庙在北冈之巅。内东亭内为武松打虎处碑，西亭内为新铸大钟。大殿系五开间三进深歇山式建筑，殿内正中为武松塑像，塑像上方悬“勋业昭彰”四字匾。墙内饰有多幅木质彩刻壁画。“武松打虎”浮雕石像伫立在山冈前，由著名画家刘继卣创作，象征着除暴安良、见义勇为的武松精神。“天下第一虎”石，位于景阳冈南部，传为武松打死的那只老虎的化身。“景阳春晓”石是位于景阳冈南端的一块神奇的巨石，它形体美妙，正看如一“山”字。

狮子楼坐落在阳谷县城大隅首西南角，始建于宋景佑三年，水浒英雄武松为兄报仇在此怒杀西门庆，狮子楼因而名扬四海。新中国成立前狮子楼为一两层土楼，1958 年重建，1983 年再次重修，由上海同济大学著名古建筑专家陈从周教授按宋代风格设计。此楼为宋式建筑（建筑面积 451 平方米，高 15.8 米），二层五开间三进深，青砖灰瓦，飞檐斗拱，雕梁画栋，雄伟壮观。楼前列石狮两对，石狮北侧立有重修狮子楼碑记，碑文为陈从周所撰，杨萱庭书丹。楼门前两侧廊柱上镌刻着一副楹联：“惩恶除暴英雄浩气贯日月，阅古鉴今斯楼坦荡警后人。”楼上所悬“狮子楼”匾额为已故文学大师沈雁冰手笔。一楼内陈列水浒人物塑像，形态逼真，生动传神。二楼北墙橱内陈列着天津“泥人张”传人制作的 4 组水浒故事泥塑，分别为“三碗不过冈”“景阳冈打虎”“谋害武大郎”“斗杀西门庆”，人物形态逼真，栩栩如生。另有阳谷文化家具研究所制作的 32 幅屏风烙画，内容为《水浒传》中所书武松故事。电视连续剧《武松》第三回“斗杀西门庆”，武松提刀跃楼而下杀死西门庆的镜头即在此处所拍。

目前狮子楼周边主要有：王婆茶馆、武大郎家、冷酒馆、纸扎店、西门药店、盐店、绒线铺、绸缎庄、客栈、狮子大酒楼、棋社、戏台、玉皇庙等。节日期间举行大型的节庆和庙会活动等。日常娱乐项目有山东快书、武大郎郓哥大街表演、阳谷风情表演、舞狮子、踩高跷、秧歌表演、豫剧团演出、民间杂耍表演、糖人表演、书法表演以及工艺品制作表演等。

图 26　狮子楼

此图选取的角度是狮子楼的正面。狮子楼是宋式建筑，青砖灰瓦，雕梁画柱，飞檐斗拱，庄严雄伟。木质门面上有图案装饰。在绘画表现上，利用明暗对比和点线面营造整体，舍去了一些琐碎的细节，凸显绘画语言的整体性。利用中性笔的线条勾勒和涂抹，让点的跳动和线的旋律以有序和无序的方式跃然纸上，使狮子楼的形象以庄严大气的姿态屹立在观众眼前。

刘邓大军渡河指挥部旧址位于县城南 11 千米的沙河崖村。刘伯承、邓小平指挥人民解放军 4 个纵队 13 万人，在东起位山、西至临濮集的 150 千米长地段强渡黄河。刘邓指挥部整个院落分前后两院，前院南厢房是刘邓首长就餐和参谋住室，成了接待室，里面悬挂着段君毅、李德生等党和国家领导人为旧址题词的条幅和刘邓大军渡河的大幅油画。西厢房是警卫人员住室。后院内东厢房是刘伯承司令员的居室，西厢房是邓小平政委的居室，里面摆放着他们当年曾用过的桌椅床帐，以及临走时送给房东的一些物品。1996 年秋，在此修建刘邓大军强渡黄河指挥部纪念馆，迟浩田将军亲笔题写馆名。

图 27　沙河崖村刘邓大军指挥部

房屋、院落、树木、天空被其简单地安排在画面上。干净的黄泥地，斑驳的黄土墙，坚硬的黑瓦顶，绿意浓浓的枝叶……绘画表现上利用平行透视的构图，把院落的空间和深度拉开，利用记号笔干笔枯涩的效果，进行皴、擦、点、染，营造气氛。稍有起伏的地面，斑驳的黄土墙面，坚硬的砖墙瓦顶，郁郁葱葱的大树枝干，利用笔和色的变化，质地感充分展现。此图用画笔重塑旧址视觉形象，使观者仿佛置身于那个年代，产生共鸣。

“迷魂阵”村位于县城东北 6 千米处，传说是孙膑大败庞涓时设计而布置的阵。是一对奇特的小村，南村叫大迷魂阵，北村叫小迷魂阵，大迷魂阵村小，而小迷魂阵村大。小迷魂阵，一直保持着奇特的建筑格局，村庄的布局不是平面展开的，而是呈新月形，两条主要街道按弧形由东北而向西南，斜斜曲曲，无固定的方向，斜度不一，定向各异，一条街的两旁都称堂屋（坐南背北）的房屋，却正好差 90 度。巷里混乱，无直胡同。街道交叉多呈“T”字形且首尾不齐，而房屋则按照街道走向建造。由于变化不明显，所以易将走向各异的房屋统统当成北屋，因而产生错觉。不仅如此，村外各道路、田垄分布是斜的。其街面、房屋、道路、地块都是斜的，外来人入村，不论空间感（方向感）还是时间感都会产生错觉。随着街道斜曲和房屋的交错，使人感到方向随时在变，南北中有东西，东西中有南北。若以太阳定时间，在前街不到上午 10 点就是日头正午，而在后街看着正午实际已是下午 4 点。有人编了顺口溜形容这种情况：“进了迷魂阵，状元也难认；东西南北中，到处是胡同；好像把磨推，老路转到黑。”

历经数百年，数十代人，家家盖房都遵照前人留下的规矩取方位，村中从来没有人对此做出新的改变。

图 28　迷魂阵村

这幅图采用俯视角度绘画，房屋、街道、农田、树木错落布局。绘画时利用点线面和几何形进行疏密构图，利用记号笔干笔枯涩的效果，进行皴、擦、点、染，营造气氛，使读者看上去找不到画面的主题，也识别不出哪是建筑，哪是街巷，哪是农田，哪是树木，在点线面和黑白灰的节奏中，找不到什么，似乎又能看到些什么，正是这种感觉，使人对迷魂阵的认识进入一种心驰神往的境界。

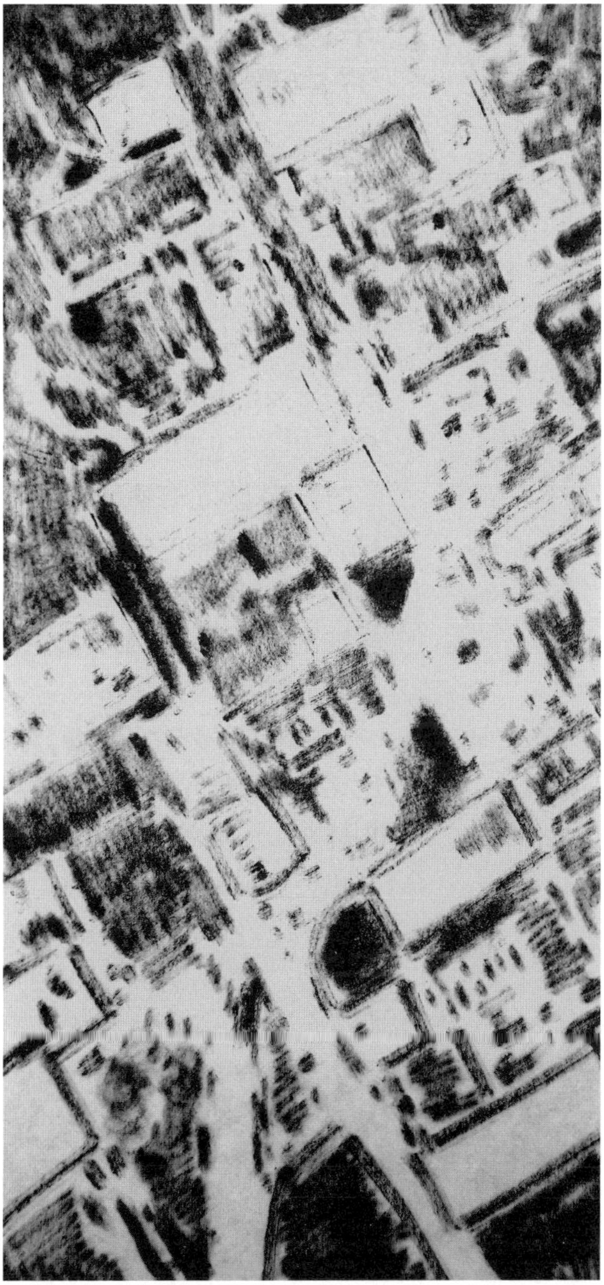

东阿县：万户喜鹊　千年阿胶

黄河流经东阿县近57千米。包括5个乡镇，56个自然村。

东阿县位于聊城市东南部。介于东经116° 12′—116° 33′，北纬36° 07′—36° 33′之间。西邻东昌府区，阳谷县，北邻茌平区，德州市齐河县，东依泰山，南临黄河，与济南市平阴县、泰安市东平县隔河相望，总面积约729平方千米。

东阿是一座文化厚重、人杰地灵的城市，境内阿胶养生文化、曹植梵呗文化、黄河生态文化、喜鹊吉祥文化交相辉映。这里名胜古迹众多，境内存有大汶口文化、龙山文化、仓颉墓、邓庙石刻造像、梵呗寺、静觉寺等文化遗迹。鱼山为省级地质公园，鱼山曹植墓为全国重点文物保护单位，“鱼山梵呗”“东阿阿胶制作技艺”为国家级非物质文化遗产。这里人文故事荟萃，晏子治阿、凤凰山传说、鱼姑与曹植等故事广为流传。项羽、程咬金等著名人物在东阿史志中留下的英雄情结让人敬仰。曹植、王维等著名诗人在东阿史志中留下的篇章脍炙人口。这里名人贤达辈出，人文始祖仓颉、战国名相晏子、明代帝师于慎行、苫山刘家一门三进士等载入东阿史册。才高八斗、七步成章的建安文学代表人物曹植曾封东阿王，并创作了“鱼山梵呗”，使东阿鱼山成为中国佛教音乐发源地而享誉海内外。东阿是一座物华天宝、优势突出的城市。着力培育医药大健康、高端装备制造、现代服务业等三大新兴产业，着力推动现代高效生态农业、文化旅游、阿胶及阿胶+等三大传统产业转型升级。加快推进中医药健康示范园、鱼山梵呗音乐小镇、阿胶养生风情小镇、黄河康养旅游度假区等建设，阿胶世界荣获首批国家中医药健康旅游示范基地，世界首座毛驴博物馆、中国首家体温计科技馆正式开馆，提升了城市旅游品质，吸引了众多游客。

目前，东阿县拥有4A级景区1家、3A级景区4家、2A级景区1家，全国工业旅游示范点1个，山东省旅游强乡镇2个、山东省精品文旅名镇1个、山东省乡村旅游重点村1个、山东省旅游特色村1个、山东省景区化村庄4个、山东省休闲农业和乡村旅游示范点1个、齐鲁美丽田园2家、山东省休闲农业精品园区3家、星级饭店1家、旅行社12家，吃、住、行、游、购、娱等旅游要素日益完善，相继被评为山东旅游强县、中国最佳康养旅游名县、中国最具文旅投资价值县。

东阿阿胶城位于县城西郊洛神湖公园内，由东阿县政府和山东东阿阿胶股份有限公司共同出资兴建，是以展示东阿阿胶三千年历史文化、医药文化、养生文化为主要内容的综合性文化旅游项目，包括影视城、东阿药王山等子项目。现为国家 4A 级旅游景区、山东省重点文化产业项目，被现代人评价为“到山东不得不去的 100 个地方”之一。

图 29　阿胶城

画面选取的是阿胶城主城门。阿胶城是很多影视剧作品取景的地方，当你穿过阿胶城的城门，仿佛穿越到民国年代以前，在这里可以感受到不同年代的文化魅力。此作品在构图上采用了仰视视角，突显出该建筑的高大与恢宏。在手法上，利用炭笔粗糙的材质，中锋进行轮廓的勾勒，侧锋皴擦，斑斑驳驳，虚虚实实，富有节奏的笔触营造出年代感与记忆感，通过如此巧妙的表现方式，使阿胶城在画面中既彰显出坚实高大庄严的形象，又呈现出历史的厚重和时代的印迹。

李学诗故居位于刘集镇前苫山村，是至今已四百多年历史的明末清初建筑。明清时期，苫山有“九十九座楼”之称，“文化大革命”期间，基本被破坏殆尽，现保留较完整的仅十余处，其中，两处仍有后人居住，李西奎是李学诗的后人，这位老人居住的便是一处，李西奎的爷爷李明诰是清末的武状元，也曾居住于此。房屋代代相传，几经修缮，整体结构依然牢固，数百年屹立不倒。其建筑技术水平较之当下，有过之而无不及。在我国建筑史上，无疑是一个很好的典范。

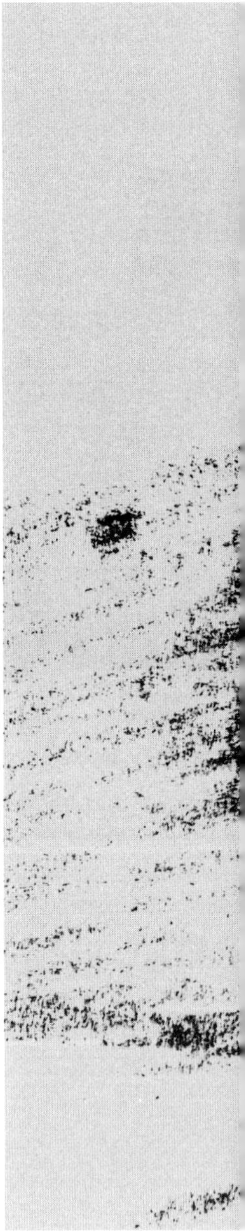

图 30　李学诗故居

画面选取的是故居大门正面。这些古民居建筑风格具有“乡村士大夫”风范和文人风雅，堪称中国北方村落建筑的典范。构图左松右紧，利用透视线的倾斜挤压，使读者看到了富有张力的主体：院门。院门半开，用重颜色涂抹，使得空间拉得更远更深，似乎看到里面，又似乎什么也看不到，增强了神秘色彩。两侧墙体坚硬挺拔，虽历经风雨，仍屹立不倒，墙面的刮擦，斑斑驳驳，似乎在述说着这里百年的故事和百年的沧桑。

武当庙位于姜楼镇邓庙村，该村是一个有着悠久历史文化传承的古老村落，民风淳厚，文物众多。庙内有前后毗邻的两座大殿——武当殿和三皇殿，都是面阔五间、进深三间的硬山式建筑。庙内共有石造像和石心泥塑像29尊，分别供奉在两大殿中。武当殿有武当、伏羲、神农、少昊、女娲、王灵官等，三皇殿有天皇、地皇、人皇以及十大名医等；另有明万历、崇祯年间，清康熙、同治年间以及民国初年重修武当庙的碑记石刻五幢，有铸于明万历年间的记事大铁钟一幢。三皇殿在新中国成立前已毁弃，五幢记事碑刻和部分石造像，因1947年黄河洪水泛滥，为防决口，拉去垒了堤坝，现存部分石造像，是当时老百姓偷偷埋入地下的。另邓庙村的汉画石墓也已对外开放，墓以石板所建，有十室所构成并且每室都相连相通，每块石板上都有精美图案，而且各不相同，域内少见，弥足珍贵。

图 31　武当庙

武当庙，又称“三皇殿”“医王庙”（或“药王庙”）。武当庙位于画面中心位置，建筑简练生动，高低错落，垂直大树穿插其间，两侧树木、杂草、村落。偶有来访者。在构图上，水平线和垂直线构成稳定平静的氛围，画面空间运用炭笔的硬质特点涂抹，虚实相得益彰，物象遮遮掩掩，更加增添了武当庙的神秘特色。

图 32　鱼山

画面描绘的是鱼山远景一角，山体绵延舒缓，起伏似乐章弹奏，山顶石块忽隐忽现，树木起起伏伏，若有若无地显现出一小亭子，仿佛有人正在里面吟诗，又似在清唱，使看似秃陡的鱼山有了生气。整幅画用或方或圆的造型元素和或实或虚的笔触渲染，刻画了山上的碎石，零星的草木，营造出鱼山地质特有的质感。

鱼山坐落于县城西南 20 千米处的黄河北岸，属泰山西来余脉。海拔 82.1 米，占地 80 余公顷。相传其形似甲鱼，或曰古建鱼姑庙于山顶，故名鱼山。因汉武帝所作《瓠子歌》中有“吾山平兮钜野溢”之句，又名吾山。鱼山春秋时属齐，魏晋时建有一座神女祠，供奉神女成公智琼。西晋文士张敏根据魏嘉平年间，济北郡从事掾弦超与神女知琼在鱼山的一段恋情故事，写下了著名的《神女赋》。唐代大诗人王维登鱼山访古，作《鱼山神女祠歌》。明清之时，鱼山上建有“吾山书院”。三国时建安文学的杰出代表人物曹植曾受封东阿王，卒后，葬于鱼山西麓。曹植墓为国家级重点保护文物。墓的四周有子建祠、曹植墓碑、七步路、羊茂台、洗砚池、闻梵处、梵音洞、摩崖刻字、鱼姑庙、观河亭、仙人足印、穿阳洞、浴仙池、龙山文化遗址、中日两鱼山友好纪念碑和历代碑刻等古迹。鱼山脚下即是滚滚黄河，隔河面对连绵群山。

平阴县：
花开泉涌　玫好平阴

黄河流经平阴县 40.5 千米。从平阴县东阿镇的姜沟村进入县境，流经东阿、刁山坡、平阴、栾湾四个乡镇，在栾湾乡的王营村出境，流域面积 589 平方千米。县境内主要有浪溪河、玉带河、龙柳河、锦水河、安栾河等流入黄河。

平阴县位于济南市西南部。介于东经 116° 12′—116° 37′，北纬 36° 01′—36° 23′之间。县境北起安城镇王营村北黄河中心航道，南至洪范池镇南刘庄南山顶，东起安城镇东毛铺村东天堂山顶，西至东阿镇姜沟村西，面积 827 平方千米。地处泰山西延余脉与鲁西平原的过渡地带，地势南高北低，中部隆起。

翠屏山多佛塔位于平阴县玫瑰镇翠屏山（又名水山）顶的玉皇阁院内。多佛塔始建于唐贞观四年（630 年），名曰多宝佛塔，因年久倾颓。明嘉靖元年（1522 年），县民姚福政偕东阿县僧人同心及善人、信官等在原址上重建石塔，历时三年建成，现存塔即为此次重修。全塔共 13 层，为石砌八角十三层密檐式，用当地青石构筑。通高 20 米，基座高约 1 米，每边宽 2.3 米，塔身向上逐层收分，顶成锥形，其上置放铸铁宝瓶塔刹。塔刹高 1.8 米，刹座铸有覆莲

图 33　翠屏山多佛塔

画面利用仰视的构图形式，把多佛塔放在了画面黄金分割位置，仰视的构图使画面焦点向上集中，目光不自觉由墙面移到塔身再由塔身移向塔尖。前景墙面放大，多佛塔相对较远则放小，把多佛塔空间和环境深度拉开，用一面墙做前景，拉开远近关系，增加了画面层次。同时加入皴擦点染等手法烘托画面氛围，营造出塔高耸于天地间的感觉。

纹饰，上部为宝瓶，分三级紧扣相连，外形似喇嘛塔。宝瓶上铸文清晰，字字可辨，系当时著名金火匠杜文剑、杜思温于嘉靖六年（1527）三月铸造。塔每层四周皆辟佛龛，各面均嵌有尖拱形佛龛，内嵌一石雕佛像，结跏趺坐，作禅定印状。1977 年 12 月，被山东省政府公布为第一批文物保护单位；2013 年 5 月，被国务院公布为第七批全国重点文物保护单位。

洪范池镇地处县境西南端 30 千米，北临东阿镇，东北临孔村镇，东临孝直镇，南边和西边临东平县。该镇地势南高北低，东西最大距离 11.2 千米，南北最大距离 12 千米，面积 115 平方千米。主要山脉有大寨山及其支脉、大洪山及其支脉，其中大寨山（古称大山）最高，海拔 494.80 米，为平阴县最高峰。镇内主要河流是浪溪河，境内流长 18 千米。洪范池镇境内山丘占 70%，沟谷坡地占 30%，群山连绵，水库密布，众泉喷涌，有着丰富的水资源、山石资源、旅游资源和铁矿资源，被誉为“齐鲁泉乡”。

图 34　洪范池

画面中，泉池南侧池壁上镌书“龙池”二字，字下有一青石雕刻的龙头，从池壁探出，泉水自龙头口中涌溢而出，却不显喷涌之状。此画构图饱满，青石雕刻的龙头虽在画面下半部分，但能让人一眼便能看到。树木、影子颜色加深，其他景物颜色浅，增强了明暗对比，此手法的处理，洁白的石柱，半露的屋顶，增加了洪范池景区的静洁、神秘之感。

胡庄教堂建筑群位于县城南 8 千米的胡庄村。自 1604 年天主教传入以来，至 1966 年共建成村内和山上大小教堂 7 处。位于村内的圣母无染原罪堂始建于 1906 年，占地 3.3 公顷，主要建筑由天主堂、神父办公楼、神父客房楼、花园等组成。主体建筑天主教堂南北长 52.25 米，东西宽 28.37 米，后穹顶加十字架高 50 米，建筑面积 1000 平方米。整个建筑用大块料石靠缝砌垒，柱石上饰以高浮雕花卉，精美绝伦。办公楼和客房楼位于教堂的东北侧，办公楼坐北向南，客房楼坐东向西。办公楼的东端与客房楼的北端连为一体，拱卫着天主教堂。整个建筑群呈现出哥特式建筑风格。“文化大革命”期间毁于火灾，到 1990 年该教堂仅存教堂院落的南大门、神父办公楼、神父客房楼等。1998 年在原址上重建。重建的天主教堂建筑规模如初，用料改为红砖水泥钢筋。外装饰为花岗岩及仿石喷漆。主塔楼由南端改到北端，为框架式罗马式建筑。南墙改为透明式铁棂，大门也改为铁棂式，在门外就可看到教堂正面。院内整修了原来的水池，新植了花木、草坪，堂前成了一个美丽的花园。

图 35　胡庄教堂

画面采用了仰视视角，旁边低矮的房屋和高大的教堂建筑形成鲜明对比，彰显了教堂建筑的坚实与高大。线条勾勒流畅，挺拔有力，侧锋皴擦，增加层次，营造出庄严的气氛，彰显圣洁之感。圣母无染原罪堂大门仿佛一道结界，守护着教堂的神圣与安详。

黄河两岸麦飘香，麦浪滚滚收割忙。收麦子是北方的一种俗称，一般农村叫“过麦”，即“夏忙”，主要时间在公历的 6 月 5 日左右，收麦时间一般控制在十天左右，影响最大的是天气情况。20 世纪 90 年代及以前农村基本使用镰刀进行收麦，人工收回来的麦子需要脱秆处理，俗称“打麦”，基本在自家的“麦场”（比较平坦的地面，打麦前人工将地面泼水湿化后进行平整，有的地方叫“gang 场”）进行，一般有两种作业方式：一是人工拉牲口带碾盘（人工加工的大石头，闲时用来盖井口）或拖拉机带碾盘作业，前提是麦秆必须很干燥；二是打麦机（半机械化）操作，这样的方式需要很多的人共同作业，基本需要 4 到 5 人参与，能够实现脱粒和秸秆粉碎分离。第一种方式还需“扬场”，也就是通过碾轧之后实现了麦粒和秸秆的分离，麦粒和麦糠的分离需要风吹，扬场就是人工把麦粒和麦糠分离。进入 21 世纪以后，基本采用收割机进行“夏忙”作业，收割机实现了完全机械化处理，即收割、脱粒、秸秆粉碎还田，农民只需在地头把麦粒装入袋子，运到家里空旷的院子或房顶（平顶）上晾晒即可。

图 36　黄河滩麦收

画面描绘的是一老一小收麦子的情景。满地的麦子经过太阳一天的暴晒已经变得干燥，黄昏来临，一老一小把麦子收起来。老人正弓腰撑开口袋，勤快的孩子自告奋勇搓起一簸箕麦子配合老人撑口袋的姿势有些费劲地往里倒。正是这样瞬间的动作，孩子的吃力状与老人弓起的脊背被描绘得惟妙惟肖，同时老人黝黑的脊背与孩子洁白的校服又形成颜色对比，老人拱起的脊背正如这高高的山脊。这一劳动的画面来自黄河岸边，也是祖祖辈辈黄河人辛勤劳作的缩影。

长清区：
山水长清　齐鲁仙境

黄河流经长清区共52千米。有“百里黄河”的称号，这里原有“大清河”（济水的一部分）。大清河与黄河原本是毫不相干的两条河流，“济清河浊”“泾渭分明”。它们在黄河下游相距很近，黄河强大的威势把大清河吞噬了，形成了现在的状况。

长清区位于济南市西南部。介于东经116°30′—117°04′，北纬36°14′—36°41′之间。东及东北与历城区、槐荫区毗邻，东南与泰安市相连，南与肥城市交界，西南与平阴县接壤，西与西北同东阿县、齐河县隔黄河相望。境域形状呈三角形，南北最长50.3千米，东西最宽50.8千米，总面积为1178平方千米。

截至2020年，长清区现有各级文物保护单位243处，其中全国重点文物保护单位6处，省级文物保护单位16处，市级文物保护单位25处，共有A级旅游景区11处。有国家一级文化馆（济南市长清区文化馆）和国家一级图书馆（长清区图书馆）。马山栝楼是长清区的特产，也是全国农产品地理标志。

图 37　黄河远眺

这是小幅油彩画，用蘸满油彩的画笔一气呵成，图中黄河占据了一半的空间，呈一个大的倒“C”形，由远及近展现出来，中间是黄河泥沙积淀的黄土地，上面覆盖着庄稼，一些小树点缀其间；远处天和地交织在一起，天空单纯透气，大地斑斑点点，村庄、树木、良田以不同的色调和不同的色块错落在远景中，呈现出一派人与自然和谐共生的温馨画面。

图 38　齐长城遗址

画面为齐长城具有代表性的一部分。构图上运用了成角透视的灭点原理，两条大的倾斜线把长城的长度拉得更长，墙体经过岁月的磨砺虽微微倾斜，但仍坚实不屈。通过皴擦点染的方式营造出斑驳的墙面，传递着年代的沧桑。整幅画用或方或长的造型元素和或实或虚的笔触渲染，表现整石和碎石叠加、风和雨的侵蚀，营造出古长城特有的质感。沧桑的画面仿佛诉说着千年的故事。

齐长城西起长清区南部，向东至泰安至青岛黄岛区入海，春秋战国时为齐鲁之界，在中国历史上占有重要地位，亦具有很高的旅游价值，是我国唯一起于黄河止于大海的长城，修建时间更是早于秦长城数百年。齐长城风景区位于大峰山景区内，距长清区 27 千米，在大峰山风景区内独成一体，是最有开发价值的风景区。齐长城绵延大峰山顶 1500 多米，整个长城绵延起伏，十分壮观，再加上 200 多间屯兵营房，是人们游览寻古的最佳去处。

图 39　灵岩寺辟支塔

灵岩寺得名于灵岩山，灵岩山又名方山，辟支塔耸立在千佛殿西北百米处，是一座8角9层12檐的楼阁式建筑。此图采用了仰视的视角，还原了人们正常视角下的样子，显示出辟支塔的高大。画面利用炭笔侧锋皴擦出辟支塔的墙面、栏杆等，旁边没有描绘其他杂物，仅放一塔在画面中间，更加显示辟支塔的庄严与神圣。

灵岩寺位于万德镇境内，距 104 国道 8 千米，北依济南，南靠泰山，是国家级风景名胜区和佛教圣地，以其悠久的宗教历史和深厚的文化内涵驰名于世，素有“游泰山不游灵岩，不成游也”之说。灵岩寺始建于东晋，距今已有 1600 多年，该寺历史悠久，佛教底蕴丰厚，自唐代起就与浙江国清寺、南京栖霞寺、湖北玉泉寺并称“海内四大名刹”，并名列其首。灵岩寺周围的山岭，主要由两大部分构成：下层叫结晶基底，是距今约 25 亿年前的太古代晚期侵入形成的中粗粒片麻状二长花岗岩；上部称沉积盖层，为距今 6 亿年前的古生代寒武纪沉积形成的灰岩和页岩，不整合覆于结晶基底之上，成为山岭的主体。灵岩山一带的地质构造，除了断裂构造，还发育有重力滑动构造及其形成的各种褶皱构造，新构造运动也十分普遍而强烈，呈间歇性上升的趋势。地层岩性、地质构造条件及各种地质作用，构成了灵岩山脉秀、奇、幽、奥四大特点。

长清黄河公路大桥，起于长清老城西北角中川街，止于齐河县孔官庄西，是省重点建设项目，也是省会城市群经济圈发展规划交通体系重点工程。大桥于 2014 年 3 月动工兴建，至 2016 年 9 月完成合龙，2018 年 6 月通车运营。大桥东起 220 国道，上跨黄河河道，西至 324 省道；线路全长 8800 米，主桥长 876 米；桥面为双向四车道一级公路，设计速度为 100 千米 / 小时。钢桁梁在设计方案呈上弦变高布置，沿顺桥向似玉带起伏，凸显了桥梁的韵律和美感，竖杆内内置强化型景观灯，白天观看，造型细腻精致，夜间在灯光的照射下，晶莹剔透，美轮美奂，其景观效果要优于连续梁和矮塔斜拉桥方案。

图 40　长清黄河大桥

画面分为三部分：一是深灰色的田园，由深到浅的层次拉开了空间关系；二是中间一条亮色的蜿蜒曲折的黄河，犹如一条摆尾的巨龙居于画面中间；三是位于画面黄金分割线上的铁路桥，由左下向右上方倾斜。画面用线条勾勒，像音乐的五线谱跳跃在画面上，一简一繁，一细一粗，一浓一淡，一张一合，诠释着人与自然的和谐。

齐河县：
齐家美孝　立世贵和

黄河流经齐河 62.5 千米。迂回曲折，河窄弯多。1971 年，国家为黄河防洪防凌建设了黄河北展区，2008 年国务院批准黄河北展区全面解禁，允许开发建设，黄河北展区内大河、林海、湿地、沙湖等资源丰富。

齐河县位于德州市最南端。介于北纬 36° 24′—37° 01′、东经 116° 23′—116° 57′之间。东及东南邻济南市天桥区，隔黄河与济南市槐荫区、长清区相望。南、西南与东阿、茌平、高唐三县接壤，西及西北邻禹城市，北界临邑县，东北与济南市济阳县毗连。总面积 1411 平方千米。春秋时是齐国名相晏婴的封地，康熙、乾隆南巡诗词，清末文学家刘鹗的《老残游记》中均提到齐河。1924 年，建立起山东省第一个农村党支部，独特的红色文化为这座城市铺就了英雄底色。新中国成立后，先后涌现出全国劳动模范时传祥，革命烈士、舍己救人模范军官孟祥斌，齐鲁时代楷模、山东省道德模范、优秀纪检监察干部关鲁等先进模范人物，“崇德尚义、务实进取、开放包容、敢为人先”的齐河精神声名远扬。齐河县交通便利，地处区位要地，是济南市周边最近的卫星城，境内路网四通八达，有 1 座高铁站、1 座火车站，4 条铁路、4 条高速公路、7 座黄河大桥和11个高速出入口，交通密集度全国领先，乘坐高铁一个半小时可到达北京、3个小时可到达上海，距离济南国际机场30分钟车程，距离济南西客站20分钟车程。资源丰富，生态宝地，是德州市唯一的沿黄县，拥有63.4千米的黄河廊道、万亩林海、黄河国家湿地公园等生态资源，是省会北部重要生态屏障，被誉为“黄河水乡、生态齐河”。地下富含煤、铁矿、温泉、富锶矿泉水等，温泉覆盖县境85%。当前，黄河流域生态保护和高质量发展、“一带一路”、省会经济圈一体化发展、济南新旧动能转换起步区建设等多重机遇叠加为齐河高质量发展注入了强劲动力。连续7年跻身全国综合实力百强县，2021年排名第75位；同时跻身全国绿色发展百强县、全国投资潜力百强县、全国科技创新百强县，分列第35位、第20位、第19位；被省政府评为全省高质量发展先进县。2021年以来，先后获得国家现代农业产业园、山东省民营经济高质量发展十强县等国家级荣誉称号36项、省级荣誉称号28项。全国春季农业生产现场会、全省黄河流域生态文明示范建设现场会等7个国家级、14个省级会议活动在齐河举办。

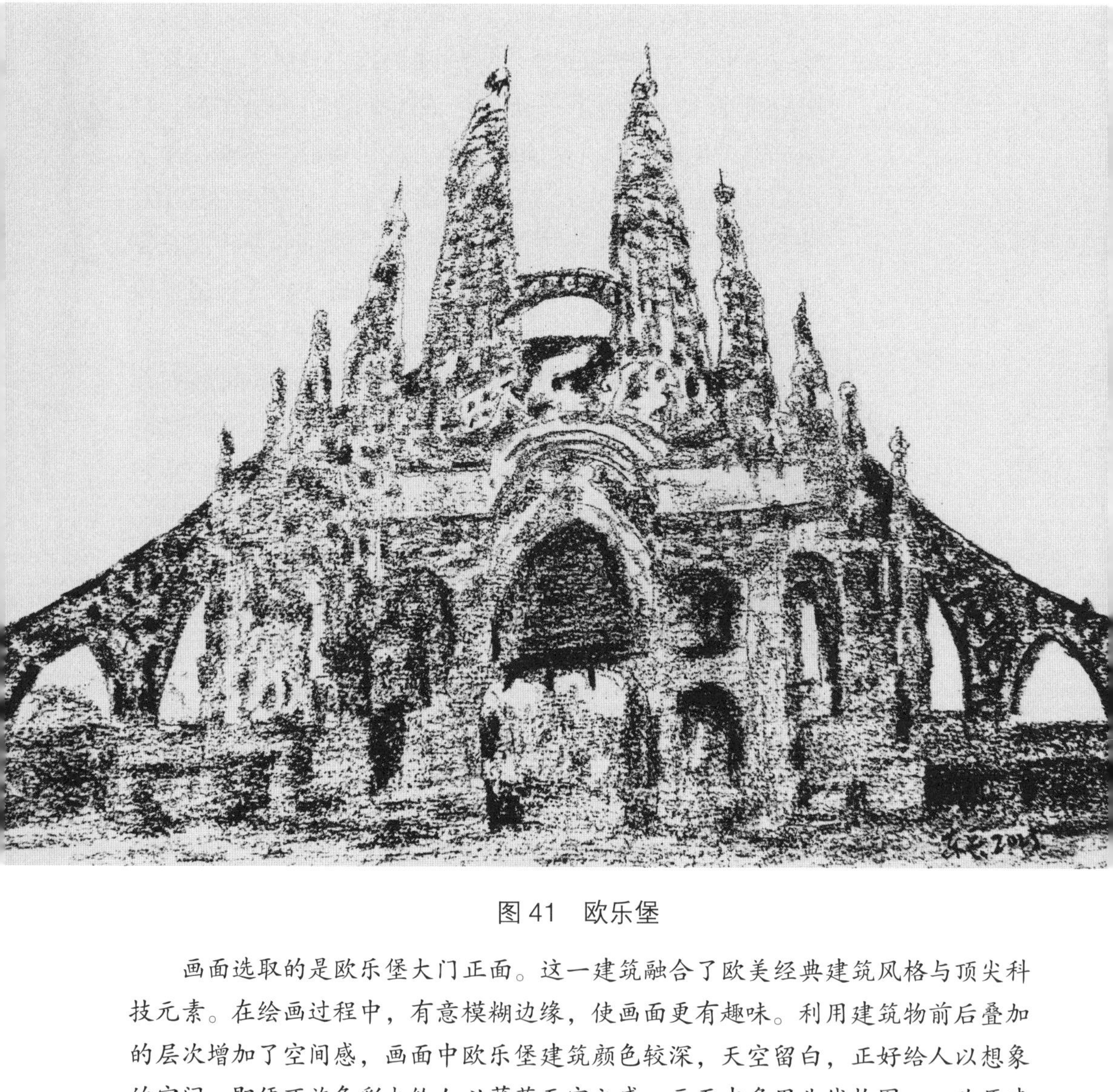

图 41　欧乐堡

画面选取的是欧乐堡大门正面。这一建筑融合了欧美经典建筑风格与顶尖科技元素。在绘画过程中，有意模糊边缘，使画面更有趣味。利用建筑物前后叠加的层次增加了空间感，画面中欧乐堡建筑颜色较深，天空留白，正好给人以想象的空间，即便不施色彩也给人以蔚蓝天空之感。画面中多用曲线构图，一改原建筑物中尖锐线条感，厚重感和力量感不减的同时，还增加了欧乐堡游乐园的梦幻性和趣味性。

泉城欧乐堡梦幻世界为国家4A级旅游景区，荟萃欧美经典建筑风格与顶尖科技元素，总投资30亿元，总建筑面积39万平方米，由高迪广场商业街、荷兰亲子小镇、未来世界、四季城堡、秘境之湖、西部小镇、地中海国度及俄罗斯大马戏八大分区组成，涵盖了备受全年龄人群青睐的众多游乐和演艺项目，拥有世界最先进弹射式过山车及悬挂式过山车、白马过山车、星空过山车、矿山过山车、摩托过山车等大型过山车8台，飞行影院（5D）、动物危机（5D）、雷神摆锤、时空穿梭、云端冲刺、峡谷漂流等近40台游乐设备。景区还设有精彩纷呈的马战马术表演、享誉业内的国际大马戏、绚丽梦幻的主题焰火等特色演艺。

孟氏民居原是赵官镇望族孟济严家的待客院，距今已有 250 余年历史。该宅院南北长 22 米，东西长 20 米，占地面积 440 平方米，院门面南，主体为砖、石、木结构。北屋为“二郎担山”式，中间三间为客厅，有厦；两端各有一小单间，无厦；北屋前东西两侧为相互对称的三间厢房，有厦；两厢房南端各有一小耳房，耳房之间有一东西向厦廊，厦廊正中为院门。整个建筑群精巧紧凑，始建于清代中期，极具我国北方民居风格。

图 42　孟氏民居

孟氏家族在抗日战争时期响应民族大义，率先发起抗日宣讲，孟氏民居即为当时抗日宣传的根据地之一。在立意上，此图选取了长构图，高低错落的房屋如同音符节奏在画面中奏唱着革命之歌。近景处暗部加深颜色，增强对比，远景处则线条勾勒不施层次，通过这种方式增加了画面的空间感与对比性。斑驳的墙面，天上飞起的鸟儿无不见证着那段历史，向人们述说着这个院落内外发生的故事。

依黄河而生，因黄河而兴。齐河以黄河国家战略为指引，加强保护治理利用，深入挖掘黄河文化蕴含的时代价值，将丰富的生态资源和文化资源优势转化为发展胜势，全力讲好“黄河故事”。近年来，全县共涵养10平方千米的齐河黄河水乡国家湿地，打造了黄河齐河段和黄河、大运河牵手段“双生态廊道”，建设由“黄河渡”“黄河谣”“黄河吟”“黄河颂”四大文化广场等组成的“黄河新时代文明实践带”，串联起沿黄60余千米的景点，将岸边“散落盆景”打造成“连片风景”。

图43　黄河远景

这是小幅油彩画。画面上呈“S”状蜿蜒前行的黄河犹如一条巨龙养育着两岸人民。两岸耕田农舍排列整齐有序，直立的树木以线或点的形式打破了画面诸多横线的重复，使画面内容更加丰富，在绘画技法上同样使用大笔厚色涂抹与皴擦的方式，增加大面积立体感与画面丰富度，呈现出黄河宽阔，奔流不息，孕育万物的母亲形象。

时传祥纪念馆位于县城北部、京沪铁路北、迎宾北路东，占地面积 2 万平方米，建筑面积 1600 平方米。纪念馆由中共中央办公厅批准修建，原中共中央政治局常委、全国政协主席李瑞环题写馆名，2000 年 9 月 9 日正式开馆，建筑以八角形平面布局，寓意着时传祥“宁愿一人脏，换来万家净”的精神传向四面八方；采用山东民居形式，硬山对称，灰瓦白墙，象征着时传祥的朴素人生；基座四面，三层跌落花池，传递着时传祥勇敢正直、勤劳无私的人品在四季十二个月里时时得到体现。

图 44　时传祥纪念馆

此图选取了时传祥纪念馆正面大门。坚实的建筑物主线条向上延伸，两侧的树木故意向建筑靠拢，并施以重色挤压，使得建筑的亮色更加纯洁突出，建筑顶上的曲线和直线或实或虚地表现了时传祥精神和时传祥谦虚谨慎为人低调的品格，台阶的直线比喻了时传祥正直善良的品质。整幅画简洁、大方，平静地阐释了劳模光辉的一生。此图通过描绘时传祥纪念馆，让我们再次回忆起时传祥精神——“敢担当，能吃苦，肯奋斗”。

槐荫区：
槐抱自然　绿荫世界

黄河流经槐荫区 24.3 千米。其流经美里湖地区有 6 千米，占据四分之一。为了防沙固堤，人们在河边种上大量银杏树，由 30 多万株银杏树构成的绵延 15 千米的千亩银杏林，成为美里湖一道独特的金色风景线，与省会南部山区火红的枫叶遥相辉映。

槐荫区位于济南市区西部。介于北纬 36° 37′—36° 45′，东经 116° 47′—116° 59′ 之间。东与天桥区、市中区接壤，南与市中区相邻，西与长清区相连，北与德州市齐河县隔黄河相望。总面积约 151.48 平方千米。

槐荫境内有田家庄遗址、祝阿古城遗址、彭家庄遗址、担山屯元代石刻等古遗址，其中田家庄遗址为济南地区发现最早的文化遗址。有宏济堂、老洋行、阜成信、经四路基督教堂、济南饭店等数十处具有悠久商埠历史文化的老建筑。津浦铁路济南机车工厂为山东省第一个产业工会和第一个企业党支部的诞生地。辖区北临黄河绿色长廊景观带，西怀江北最大的国家级济西湿地公园，拥有 4A 级景区方特·东方神画，泉城夜游打卡地、国家夜间文化和旅游消费集聚区、印象济南·泉世界景区；欧式风情商贸景区海那城、长江以北最大的茶城 1953 茶文化创意产业园、黄河流域最美“稻香花海”赛石玫瑰园等 5 个 3A 级景区。坐拥匡山风雅、腊山云屏等景观，分布着玉清湖、美里湖、玉符河、

图 45　周王庄玉符河石桥

在构图上，石桥呈一弧线平均分割画面，桥面留白，远处的树木整体呈现深色，桥体呈灰色，桥体的石块形体被统一在灰色之中，使中景简洁明快，突出主题，以皴擦的方式将后面的树木模糊，形成远近关系，拉大空间层次。从画面中不难看出石桥两侧环境优美，绿树成荫，让我们不禁想起沈从文的“在青山绿水之间，我想牵着你的手，走过这座桥，桥上是绿叶红花，桥下是流水人家，桥的那头是青丝，桥的这头是白发”。看着画面仿佛能看到走过这座桥的人，感受他们各异的人生。

小清河等水系，灵山秀水构成了美好的生态画卷。

周王庄玉符河石桥呈东西向，桥全长约 66 米，主桥宽 5 米。引桥分两段，分别宽 4.84 米和 6 米，桥两端的引桥埋于土下。据后周村的《艾氏家谱》记载，石桥是 400 多年前的艾氏前辈们为方便乡民过河自筹资金修建的。根据桥南侧的镇水兽判断，此桥大约建于元朝。据现场调查，桥拱南侧的石兽比桥拱北侧的石兽早，在光绪年间重修过。1965 年之前是行人、车辆东来西行的主要通道，因过去附近河上桥梁极少，所以周边村民和过往行人过河都走这座桥。1964 年，其北面修建了经十路上的公路桥，古石桥的交通压力渐渐减轻。2003 年 12 月 18 日被槐荫区文化局登记保护。此桥外形别致，结构独特，用材宏大，雕刻简洁明快，具有很高的文物和艺术价值。

图 46　匡山

图中画的正是匡山的太白读书处。此图选取了对角线式构图，一条倾斜的弧线分割，一半留白，一半施色，画面核心处是山坡上一凉亭，使人们不禁联想到太白当年在此读书的样子。树木郁郁葱葱，裸石斑斑点点，疏疏密密，涂抹与刮蹭有节奏地描绘出山体和草木的生机，使得此山更富有文化内涵和神秘色彩。

匡山位于匡山街道匡山村东北，是济南著名景观“齐烟九点”之一。匡山原名筐山，因山形似“筐”而得名，后改为匡山。匡山海拔 80.08 米，山上曲径蜿蜒，松柏涛阵，蔚然深秀。相传山巅有寺，建有前后殿和东西两院，现仍可找到不少残砖废瓦。据元好问《济南行记》载，金代之前，山上建有“李白读书堂”。今山南腰间立有“太白读书处”石刻一块。“匡山读书处，头白好归来”，出自唐代杜甫的《不见》，正是写的这里，意为“匡山那有你读书的旧居，头发花白了就应该归来”，表达了对老友的深长情意。

图 47　蔡公时纪念馆

在构图上采用四分之三面，正面占三，侧面占一，成角透视凸显其纵深感，两侧树木林立，前方花草遍布，使得整幅画满满当当。多用线条勾勒和疏密的点构造画面，建筑的细节较多，画时多虚虚带过，避免喧宾夺主，造成画面过于“花”。画家用尽可能简的方式表现这一欧式风格的建筑，使得该画面更加符合主题表达。

蔡公时纪念馆位于经四路 370 号。是一西式楼房，二层，坐南朝北，平面略呈方形，占地面积约 400 平方米，当时为山东外交交涉员公署。1928 年，作为蔡公时殉难地是济南惨案最具代表性的纪念地之一。现交涉公署院落、楼房原貌变化不大，保存尚好。蔡公时纪念馆展览以济南惨案和蔡公时事迹为主，通过实物展示、图片、文字资料、雕塑、复原陈列等方式，再现了蔡公时追求革命、誓死捍卫国家和民族的光辉一生。蔡公时纪念馆已成为人们铭记历史、勿忘国耻的重要纪念性展馆，是社会大众接受爱国主义教育的重要基地。

图 48 老洋行

图中建筑为欧洲巴洛克风格，其特点为：追求繁复夸张、富丽堂皇、气势宏大、动感和流动性，一般采用多层次的立面，大胆的装饰，多色的材料和颜色。在绘画表现上也正是把握这几个特点而采用松动的线条，富于变化的调子，印象涂抹图案，略施方块符号和大小不等的点贯连整体，使整幅画整体而不琐碎，丰富而不杂乱，很好地诠释了绘画语言，使得建筑的艺术性得到充分的体现。

老洋行始建于1919年的山东丰大银行旧址。如果说建筑是凝固的历史乐章，那么“老洋行”则是济南开埠百年历史中必不可缺的华美音符。1904年，伴随着胶济铁路火车汽笛声响起，千年古城济南开埠通商，槐荫则是当时济南的商业和经济中心。“老洋行”坐西面东，总建筑面积约600平方米。老商埠区欧式建筑较集中多见，而“老洋行”独有的欧洲巴洛克式建筑风格，可谓独特。“老洋行”由前后两座建筑组成，营业、办公等区域分布在沿街主体建筑中。如果仔细看老洋行的建筑装饰，可以看到两根尺度超常的圆形白色石柱伫立在石基座上，守卫着东入口。除了充满张力的柱头、柱基线脚，两根柱子顶端还有弧形山花。最上面，还有城堡式八角形塔楼，各类装饰华丽繁复，具有很强的视觉冲击力，令人赏心悦目。

天桥区：天下黄河　桥通未来

黄河流经天桥区 15.95 千米。是山东黄河境内唯一跨黄河两岸的区县，1855 年黄河夺大清河入海，天桥段正是与黄河结缘“最早”、“过去”最多的河段。

天桥区位于济南市区北部。介于北纬 36° 40′—36° 45′，东经 116° 56′—117° 03′ 之间。区境四周与济南市历下区、历城区、市中区、槐荫区、济阳区及德州市齐河县相邻。总面积为 258.97 平方千米。

天桥区依附于济南这一历史文化名城，与泰山、曲阜、青岛、潍坊、烟台等风景名胜地往来便利。辖区内有众多自然景区和人文景观，极具旅游价值。济广、青银高速公路穿境而过，高速天桥收费站与区境内二环北路和二环西路相接，济南北收费站与区境内顺河高架路相接，靳家收费站与区境内 104 国道相接，且辖区内顺河高架路、北园高架路、二环西高架路均与各高速公路相通，交通极其便利，便于天桥与周边地市的联系。济南长途汽车总站、火车站广场汽车站、济南长途客运中心置于区内，公路运输覆盖全省各市、县及全国 98 个地市；济南火车站位于辖区南端，胶济、津浦铁路交会于区内，为重要铁路运输枢纽；黄河、小清河横穿天桥区。辖区内有济南新材料产业园区、药山科技园等具有巨大发展潜力的现代化工业园区；有各类大型专业市场 56 家、物流市场 6 家。地理位置优越，经济发展前景广阔。

泺口黄河铁路特大桥是津浦铁路上的一座跨河大桥，此桥是近代史上世界列强践踏中国主权的见证。大桥建成之后，此地成为北达京津、南至沪宁的重要交通枢纽。正是因为如此重要，在战争年代这条铁路遭受了严重创伤。新中国成立后，人民政府对津浦铁路进行了全面技术改造，大力进行桥梁加固和线路维修扩展，使之运输效率显著提高，通车能力不断扩大，为国民经济的恢复和发展发挥了重要作用。2018 年 1 月，该桥入选第一批中国工业遗产保护名录。2013 年 5 月，国务院公布济南泺口黄河铁路大桥为第七批全国重点文物保护单位。

图 49　泺口黄河铁路大桥

画面由地平线一分为二，天空留白，黄河、大地、铁路桥，以倾斜三角形构图布局。黄河由近及远，由宽变窄的透视拉大了空间，炭笔轻轻涂抹，表现黄河水流淌的速度；两侧是树木、农田以及村落，用炭笔勾勒其形，用涂抹的浓淡与急缓把景物概括统一；铁路桥桥体自左上至右下倾斜，用硬质线条富有节奏地刻画其钢架结构质感，有简有繁、有细有粗、有浓有淡、有张有弛地诠释着人与自然和谐共生的画面。

图 50　鹊山

此图采用三段式构图，前景是高低错落的树木，中间是宽旷平静的湖水，远处是高耸入云的鹊山。近处树木深深浅浅、疏疏密密、斑斑点点，皆以木质炭笔的特质勾皴点染，表现勃勃生机；中景水波荡漾，波光粼粼，与鹊山交相辉映；远处鹊山周围用皴擦的方式营造出鹊山的雄壮与神秘及其周围烟雾缭绕的氛围，使画面具有了中国山水画的意境，升腾的烟雾仿佛为鹊山蒙上了神秘的面纱。这云雾缭绕的处理方式与中国画中米氏云山意境有相似之处。

鹊山在黄河北岸，与泺口码头斜相对，海拔 120.8 米。相传昔日每年七八月间，乌鹊飞翔，布满山巅；又相传先秦名医扁鹊曾在此地炼丹，死后葬此，故名“鹊山”。此山无主峰，远望如翠屏。山上怪石嶙峋，有的突兀矗立，有的壁立千仞，有的悬空欲飞。山下原有“钟”“鼓”二石，以石击之，如钟鼓之声远扬数里。山上树木颇多，松柏苍翠，满山葱郁。枣、杏、桃、李杂生，春日花开，漫山灿然。其中以桂树最佳，每至秋日，清香盈野。唐宋时，山下一片汪洋，称“鹊山湖”。山凹中，古有砖砌矮墙，墙上挂有蒿帘，内有炉灶，相传为卢医扁鹊炼丹药处，时有缕缕青烟，袅袅上升，隐现于绿荫之中，景色奇特，人称“翠屏丹灶”，被列为旧时历下十六景之一。鹊山古迹众多。山西旧有鹊山寺，为宋时创建，坐北朝南，分为南北两院，内有佛爷、菩萨、罗汉等神像。有万善寺、扁鹊祠、鹊山亭、黄桑院、二郎炕等。历经沧桑，寺院已毁，传说中的扁鹊坟存于山的西侧。坟为一土丘，前立清康熙三年（1664 年）石碑，上刻“春秋卢医扁鹊之墓”八字。丘上植有芙蓉树，枝叶茂盛，繁花胭红，将坟遮盖，颇有气势。

五龙潭景区位于济南旧城西门外，泺源桥北，因内有泉池五龙潭而得名。南邻趵突泉，北连大明湖，是济南著名的四大泉群之一。景区面积 7.8 万平方米，其中水面积 8000 平方米，以潭、池、溪、港等景观构成。据《水经注》记载，北魏时这里水域颇大，称“净池”，为大明湖之一隅。池边建有“客亭”，唐代称“历下亭”，唐天宝四年，著名诗人杜甫与李邑在此宴饮，即席写下“海右此亭古，济南名士多”诗句。宋代称“四望湖”，元代时水面缩小。相传，五龙潭昔日水深莫测，每逢大旱，祈雨则应；故元代有好事者在潭边建庙，内塑五方龙神，自此便改称为五龙潭。1985 年，遵照国务院对济南市总体规划“突出泉城特有风貌”的要求，重新规划，进行扩建。1986 年 3 月动工，1987 年 9 月 27 日建成。将五龙潭泉群周围天镜泉、回马泉、古温泉、月牙泉等 26 个泉池连为一体。浚池砌岸，堆山叠石，植花木，建亭阁，设碑廊，焕然一新。建成时，五龙潭公园面积 5.44 万平方米。2010 年初，完成五龙潭北区扩建工程，新建秦琼祠堂，重修贤清榭。12 月，环城河实现全线通航，形成国内独一无二的泉水游览景观带，通过游船画舫将趵突泉、黑虎泉、五龙潭三大泉群 71 个名泉以及趵突泉公园、环城公园、五龙潭公园、大明湖风景名胜区连接在一起，形成天下第一泉风景区。

图 51　五龙潭

图中描绘的是五龙潭景区一角。景区内树木丛生，疏密有致，亭台楼阁相映成趣，构图上将潭水作为前景，亭子和树木置于上方，潭水如同明亮的舞台，亭子和树木站在舞台上，画面丰富而不杂乱。潭水波光粼粼，将岸上景致揽入怀中，形成音乐般的旋律，生动参差错落的树木和亭台以线的疏密、虚实和局部点染形成节奏。整幅画面构成符号交织在一起，奏响了生动活泼的园林奏鸣曲。

图 52　济南老火车站

图中选取的是火车站四分之三侧面。构图上采用了三角形构图，增加了画面的稳定性，钟楼高高耸立，位于画面黄金分割位置，左右的建筑起伏错落在其周围，两侧有植物点缀。建筑形体以中锋硬线勾勒，色彩层次以侧锋涂抹，丰富变化在有节奏的皴擦点染中得以实现，画面极富节奏感和韵律感，使济南老火车站这一艺术品得到更具艺术性的表达。

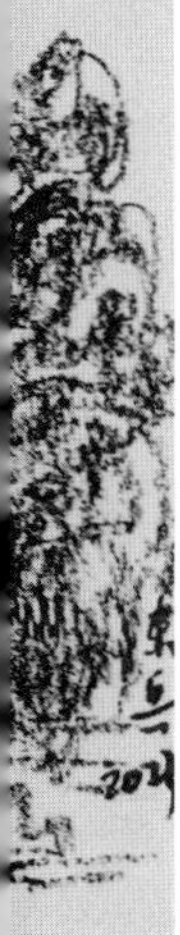

济南老火车站是指“津浦铁路济南站”，是 19 世纪末 20 世纪初德国著名建筑师赫尔曼 · 弗舍尔设计的一座典型的德国风格日耳曼式车站建筑。它曾是亚洲最大的火车站，曾在清华大学、同济大学的建筑类教科书上刊登，并曾被战后西德出版的《远东旅行》列为远东第一站。当年它和德国人 20 世纪初设计的胶济铁路火车站（现为中国铁路济南局集团有限公司公用建筑——济南铁路教育基地）相距仅数百米。两座颇具规模、均为欧式风格的车站近距离并存，这在中国大城市中极为罕见。1992 年 3 月，老车站被拆除，成为几代人永远的记忆。

历城区：齐鲁首邑　齐烟九点

黄河流经历城区 14.38 千米。自华山街道盖家沟入境，由荷花路街道西李家村处出境。是历城北部重要客水资源。

历城区位于济南市东、南部。介于北纬 36° 19′—36° 53′，东经 116° 55′—117° 22′之间。与历下区、市中区、天桥区、章丘区、济阳区、南部山区相邻。现辖 14 个街道，总面积 535 平方千米。

截至 2023 年全县范围内共有文物保护单位 53 处，其中全国重点文物保护单位 2 处，省级文物保护单位 13 处，市级文物保护单位 8 处，区级文物保护单位 30 处。如：洪家楼天主教堂、韩家庄龙泉寺大殿、大王山革命烈士陵园等。

天齐庙位于柳埠镇柳埠村东北端、凤凰山脚下的一个山崖上，崖高 20 余米，此庙高踞其上，坐北朝南。有青石台阶自崖下直通庙门，台阶 108 级，陡如泰山盘道。台阶之侧，有一曲径也可登临此庙。与关帝庙不同，天齐庙供奉的主神是黄飞虎。相传在殷纣王时期，大将军黄飞虎目睹纣王荒淫无道，在泰山脚下投奔了周文王，并除暴安良，赈济百姓，口碑颇佳。后来，当地居民为纪念这位大将军及历代为民请命的“清官”而修建了此庙。天齐庙南北长 49 米，东西宽 23.3 米，总面积 1141.7 平方米，建筑面积

292.97 平方米，另有庙地约 13000 平方米，供僧人道人使用。据记载该庙建于明朝隆庆四年（1570 年），为硬山式砖木石结构，筒子瓦、小灰瓦覆顶，庙宇院墙系乱石结构。庙内布局很有讲究，山门东南侧有一钟楼，内悬高约 2 米、直径 1.5 米的大钟一口。钟楼北侧是“关爷庙”。内供 3 个同模样的塑像，大像泥塑，中小像木雕，是专门为“求雨”串街用的。山门前竖立旗 2 杆，高约 10 米，分立石阶两侧，旗杆顶上有高 2 米、直径 1.6 米的大斗 1 个，斗上备有滑车，虽叫旗杆，但不挂旗，实为灯标。此灯用铁丝编织成 1 个大圆形，内放 1 个直径 60 厘米的盅，倒上棉油点燃，随后用滑车送上，夜间为行人指路。

图 53　天齐庙

天齐庙高低错落，层次丰富，在阳光照射下黑白对比强烈。构图上删繁就简，刻画一门一殿一墙，三者高低有序，错落有致，布局极富节奏感，庙宇空间和环境向两侧展开，利用炭笔的线条勾勒和涂抹，再加上特殊技法进行揉擦增加了画面的层次，让位于山崖之上的天齐庙增强了威严之感。

图 54　济南战役山东兵团指挥所

此建筑在阳光照射下黑白对比强烈，院落、房屋与背后的树木形成一明一暗一灰的对比，更好地交代空间关系。正面的构图形式，利用两侧的墙壁和中间的道路使画面呈现焦点透视，展现出该指挥所的全貌，利用炭笔的线条勾勒和涂抹，显示出历史的沧桑感。画面仿佛又述说着当年的故事，使读者不自觉地进入画面情景中。

济南战役山东兵团指挥所纪念地在仲宫镇西南约5千米处的尹家店。占地近500平方米的院落，院外有长方形石碑，上面镌刻着“济南战役山东兵团指挥所纪念地”。济南市政府将该指挥所列为市级重点文物保护单位。并于1988年进行了重新修复，对外开放。指挥所有房五间，中室三间，东西各一厢房，均系砖木结构。中室内正面悬挂着毛泽东和朱德的画像，翼侧挂有济南战役经过图，东壁是济南战役山东兵团指挥所资料展板。东厢房有毛泽东和周恩来起草的有关攻打济南的手稿、山东兵团首长于尹家店发布的攻城命令、济南战役敌我态势图、济南战役我军决心图及我军突破内城、攻占第二“绥靖区”司令部和国民党省政府的照片。西厢房陈列了济南战役山东兵团指挥所的阵中日记复制件，另有“济南第一团”和“济南第二团”及民工支前运粮的照片，还有山东兵团首长撰写的济南战役回忆录等许多革命历史资料。

幸福柳位于王舍人镇大辛庄村北约 50 米处，是一棵身干粗壮、枝繁叶茂的大柳树。1959 年 4 月 13 日和 9 月 21 日，毛主席两次来这里视察，曾在此树下会见群众，并与群众亲切交谈。所以这也是“幸福柳”的名字的由来，如今这株树成了人们追溯历史、缅怀领袖的地方。

首次毛主席到达济南后，先听取了中共山东省委书记处书记白如冰和历城县东郊人民公社党委第一书记郑松的简要汇报。然后，毛主席由白如冰和中共济南市委书记处书记秦和珍陪同，乘车到东郊公社，察看大辛庄大队第七生产队冬季小麦的生长情况。毛主席下车以后，看到一片葱绿苗壮的麦苗非常高兴。他每走一块麦地，都要仔细看一看，并具体询问麦地的深翻、播种量、施肥、浇水和今后的管理措施等情况。毛主席对麦田的管理工作十分关心，他说一定要很好地管理，细心地管理，氮、磷、钾肥料合理使用，防止倒伏和其他灾害，搞好通风透光，争取今年的小麦大丰收。他对东郊公社第一书记郑松说：“到小麦收获时，你们要亲自组织一批干部收割和验收，仔细称一称，看一亩地究竟能产多少斤？”毛主席走到麦田和社员亲切握手，并连连点头，招手致意。当主席在一块地头上看见插有“典型田”的牌子时，问道：“这里的小麦一亩能打多少斤？”公社负责人回答说：“1000 斤。”主席摇头说：“别说每亩打 1000 斤，连 500 斤都收不到……秋后，我要再来看看亩产到底多少斤。”毛主席从路边拔一墩麦苗，拿在手里仔细观看，并说：“把这墩麦苗送给我好不好？”社员们一致回答：“好！”毛主席珍惜地把这墩麦苗带到了身旁。毛主席在这块麦田视察了半个多小时。

五个月后，毛主席果然又来到这里，视察了大辛庄的玉米、大豆等农作物的生长情况，接见了历城县正在召开的县、社、队三级干部会议的代表，并得知每亩小麦只收 400.6 斤……上次毛主席的一番话，对干部转变思想作风，反对虚夸不实起到了很大作用。时至今日，领袖的教导我们仍记忆犹新，铭记心上。人们追思着“幸福柳”下聆听主席教导的情景，直到永远。

图 55　毛主席在幸福柳下会见群众

图中描绘的是毛主席和劳动人民亲切交谈的场景。上方三分之二的画面是高大粗壮的柳树，将其作为背景，突出了树下伟大的领袖毛主席，画面下方正是密密麻麻的倾听毛主席讲话的人民群众。这种构图方式很好地表现了事情发生的场景，幸福柳在阳光照射下黑白对比强烈，枝繁叶茂，寓意着此时新中国正孕育着新的希望。

图 56　闵子骞

图中描绘的是年轻的闵子骞。他正面站立，头微微上扬并向自己身体的左前方倾斜，似乎在思索，左臂弯曲，携抱一捆竹简，右臂自然下垂，长袖与飘带随风起舞。画面用长线勾勒，疏密线丰富画面，表现简洁生动，一个博学、孝顺、才俊的形象跃然纸上。

闵子骞（前 536—前 487），名损，春秋时鲁国儒生，孔子弟子。闵子骞墓现在历城区洪楼南路旁，百花公园西门北侧。他幼年丧母，父亲继配又生二子。后母虐待闵损，为亲生之子用棉絮做袄，闵损袄内却全是芦花。父亲出门让损驾车，因天寒损冻得抓不住缰绳，父亲责问于他，他默不作声，父生气而用鞭抽他，袄面被打破而飞出芦花，父亲明其原因，回家后执意赶继配出门。损跪于父亲面前说：“母在一子寒，母去三子单！”父亲听了觉得有理，便饶恕了继配。后母也很受感动，痛改前非，从此成了三个孩子的慈母，而闵损的孝名也传遍天下。孔子曾赞扬说：“孝哉，闵子骞；人不间于其父母昆季之言。”后人把他列入二十四孝之中。

1074 年，济南太守李肃之在墓前建祠祭祀，由苏辙撰文、苏东坡书写《齐州闵子祠记》的石碑，叙述了修建祠堂的经过。到明代，经历城人刘敕发集、捐资重修了闵子骞墓和祠，并在殿后修起了“讲学堂”、东西厢房、“訚訚斋”和“芦花馆”。

济阳区：
九州济楚　华夏阳和

黄河流经济阳区 56.5 千米。从崔寨街道解家村入境，自西南向东北流经崔寨、回河、曲堤等 8 个镇，滩区面积 53.4 平方千米。

济阳区位于济南市中北部。介于北纬 36° 41′—37° 15′，东经 116° 52′—117° 27′之间。位于黄河下游北岸，鲁北平原的南部，隔黄河与历城区、章丘区、邹平市相望，东北、北部与惠民县、商河县接壤，西北、西部与临邑县、齐河县相连，西南与天桥区毗邻。总面积 1076 平方千米。

济阳于金太宗天会七年（1129 年）置县，因其位于古济水之北，故名济阳。全区范围内共有文物保护单位 43 处，其中新市镇 8 处、垛石镇 12 处、曲堤镇 4 处、济阳街道 3 处、孙耿镇 3 处、太平镇 6 处、回河镇 6 处、崔寨街道 1 处。其中便包括卢氏旧居、周氏庄园等重点文物保护单位。

卢氏旧居位于回河镇举人王村，是北洋上将卢永祥在老家修建的集住宅、宗祠、学校于一体的建筑群，建于 1917—1919 年，总占地面积 7325 平方米，建筑面积 1861.3 平方米，现存建筑面积 1051.3 平方米。新中国成立后，卢氏旧居被收归国有。1951 年以来先后做过县里的粮食仓库和村小学，后来处于闲置状态。2013 年被公布为山东省第四批文物保护单位。

卢氏旧居是济南地区黄河以北仅有的保存较好的大型民国建筑群。整体建筑以中国北方传统民居风格为基调，局部引入了南方和西洋建筑手法，中西结合，古今互通。所有建筑均为砖木结构，屋顶覆传统灰板瓦，正房、厢房山墙上部及墀头部位均饰以精美砖雕或灰雕。工程建设用料考究，工艺高超，建筑体量大。建筑的各个部位都细腻地展现出精美高超的雕绘艺术特色，尤其是“灰雕”这一艺术表现形式在济南地区更是罕见，是重要的南北文化、中西文化交流融汇的历史艺术载体。很多古建筑专家认为卢氏旧居“黄河以北少见，历史价值重大，堪称我省近代民居的优秀典范之一”。

图 57　卢氏旧居

构图上采用俯视的方式描绘了旧居的一个院落，此院落在阳光照射下黑白对比强烈，自画面下方至上方，分别描绘了院门、庭院、住宅房屋以及院落后方的树，交代了旧居的建筑结构，表现出了旧居的空间感。通过颜色较深的树木与颜色较浅的砖瓦作对比，突出了主题。利用炭笔的线条勾勒和涂抹，再运用揉擦等方法，增加了画面的虚与实、动与静的结合，再现了这一山东省近代民居建筑的优秀典范。

周氏庄园位于垛石镇后楼村，为进士周耀德于明代万历年间（北厅是嘉靖时期已有的建筑）所建，是现存比较完整的济南市黄河以北唯一的一处明末清初的古建筑群。后经历代延续建设直到清代道光、咸丰年间。规模最大时有“六厅十八进”之称，占地面积约 16000 多平方米。当地人形容当时的周家说，“马行千里不吃别家草，人行千里不住别姓店”。

周氏庄园属文官式建筑群，建筑豪华大气，艺术价值较高，在山东古建筑史上占有重要的地位，被古建筑学家称为“济南地区黄河以北优秀古建筑的孤品”，载入《中国古建筑大全》。1992 年成为济阳重点文物保护单位。2007 年批准为济南市市级文物保护单位。

如今，历经岁月沉浮，多数建筑已遭毁消失，但依稀可以看出当年的辉煌。现存房屋 10 余间，3 个院落。庄园的大门楼高大宽敞，硬山顶结构，虽饱经沧桑但保存完好。门楼檐上用小灰瓦铺盖，檐脊上浮雕精美，镂空的雕花木制门棂更是精巧细致。进了大门，迎面是一堵砖雕影壁，影壁的设计也独具匠心，四周边框雕有竹节纹、缠枝牡丹、仙童子、梅花鹿、寿字等图案。院子南面是和门楼连在一起的三间倒座厅房，前出厦，灰瓦屋顶，屋门两侧悬挂着为周老太太祝寿时的寿屏。北面是正房，门上面悬挂的“善行可风”匾额为明代之物，同样灰瓦屋顶，屋脊正中央雕刻着麒麟，东西两边为牡丹花。除此之外，还有保存完好的北门，该门沿街朝北，高 10 米左右，宽 4 米左右，由青砖垒砌而成，外形为城门楼式建筑，墙头上有垛口，大门上有一刻石，上书“拱辰”二字。一砖一瓦、一台一榭以及已经褪色的雕梁画坊，无不显示着主人往日的尊贵和富有。

图 58　周氏庄园

画面将院落的大门楼放置在画面黄金分割点处，突出主体，大门楼与后方建筑的虚实对比表现了前后纵深感，整个建筑在画面中以左低右高的方式呈现，改变了画面构图中使用水平构图的平淡感，且由中心至两侧呈现从实到虚的处理，使画面更富有层次，运用炭笔的线条勾勒和涂抹、揉擦等方法，增加了画面中主体的细节，再现了济南市黄河以北唯一的一处现存比较完整的明末清初的古建筑群。

王文训（？—1867），今垛石街道田家屯人，出身农家，习武术，识文字，性情豪迈，颇具胆略，且急公好义。同治年间，官府苛征赋税，县衙征收漕米时又将尾数上捐，见零成整，官吏从中渔利，百姓负担沉重，怨声载道。王文训见义勇为，村中凡有应付差役催粮事宜一身承担，为乡亲免去了许多祸殃。又亲赴县衙据理力争，终于使知县理屈词穷，答应如确数征敛，勺合分明，并刻石碑立于县衙前为证。后值荒年，王文训又为百姓请求缓征赋税，县衙不准，谈判决裂，官府十分忌恨王文训。此时，王文训在田家屯、索家庙、尚家坊一带倡议成立了“一心团”，保家守土，团众公推王文训为团长。县衙闻知即呈请省署派兵捉拿王文训。1866 年 2 月 3 日上午，官兵包围了田家屯。王文训率团众英勇抗击，打伤官兵数人，打死带兵的军官，官兵溃逃。是日晚间，官兵乘团众回家过春节之机再次突袭田家屯，“一心团”终因寡不敌众而失败，王文训投奔临邑县钟楼店陈炯的“黑虎团”，不意遭到陈的出卖，被官府杀害。

图 59　王文训习武

画面是王文训身穿长褂长裤，右腿探出，左腿半弓，做支撑取力，气沉丹田，收腰提腹，两手握拳，一攻一防，头部微侧，目视前方，似要迎敌。舞动的辫子表现出动作的瞬间性和生动性，也表现了王文训的仗义豪迈的性格。

张尔岐（1612—1678），字稷若，号蒿庵，济阳西乡宜约（今回河街道张稷若村）人，明清之际著名经学家。《清史稿·儒林传》有传，《辞海》《辞源》及《中国名人大辞典》中均有简介条目。

张尔岐自幼聪颖好学，熟读经史，兼及诸子百家，旁及太乙、奇门之学。晚年精研“三礼”（《仪礼》《周礼》《礼记》），造诣尤深。《仪礼》即礼经，是儒家的重要经典之一，前人为礼经所作的传、注、疏很多，因年代久远，经文多有脱漏，而且传与注也有许多混淆之处，致使后人难以读懂。张尔岐经苦心研读，除将传、注分清外，还删削了书中烦琐附会的文字，并重新进行断句，纂成《仪礼郑注句读》一书，又参订监本（官定本）中脱误二百余字，考订石经（此指刻于石上的《仪礼》）脱误五十余字，作“正误”两篇，附于书后。张尔岐于济南讲授《仪礼》时，偶然为当时著名学者顾炎武听到，顾炎武十分敬佩其见解精辟，翌日绝早即登门拜访，谈论欢洽，遂订交为友。后来，顾炎武在谈师论道时曾说：“独精‘三礼’，卓然经师，吾不如张稷若。”

张尔岐品德高尚，为世人所称颂。明末应科举考试，有人送他制艺（八股范文）作备考捷径，他不予理会。张尔岐一生寒素，耿介自持。其门人艾元征时为康熙朝刑部尚书，每有重礼馈赠，必婉言拒绝，平时更无所欲求。曾应聘与修《山东通志》，事毕不受酬礼而归。事亲至孝，因老母多病而研习医道，术成后乡邻纷至求诊，必细心施治，不惮劳烦。与两弟分居，自择劣等田产；其二弟残疾（盲人），甘愿代其承担赋役 30 余年，临终还嘱咐儿子们为叔父代承赋役。张尔岐一生著述很多，除《仪礼郑注句读》外，其重要者尚有《周易说略》《诗经说略》《书经直解》《老子说略》《春秋三传驳义》《蒿庵闲话》《弟子职注》等，多由后人及弟子刻版问世。

图 60　张尔岐

画面中表现的是一个英俊少年，他持扇直立，若有所思。画面采用线面结合的画法既表现了衣着的质感，又表现了人物的精气神。将张尔岐的聪颖好学与高尚品德通过画笔活脱脱地表现出来。

章丘区：龙山古城　百脉风情

黄河流经章丘区27.08千米。从历城区大沙滩西南入境，至黄河乡常家庄入邹平市，属于章丘西北界河。

章丘区位于济南市的东部。介于北纬36°25′—37°09′，东经117°10′—117°35′之间。西邻历城区，东连淄博市周村区、淄川区，南接泰安市岱岳区、济南市莱芜区，东北与邹平市接壤，西北隔黄河与济阳区相望。区境东起普集街道麻秸村东北，西至龙山街道傅家庄西，宽37千米；南起垛庄镇南麦腰村南，北至黄河镇小刘家东北，长70千米。总面积1719平方千米。

全区范围内共有文物保护单位209处。如齐长城遗址（章丘段）、三清观、朱家峪文昌阁、孟氏故居、埠村东南遗址、西鹅庄遗址、朱家峪古村、博平遗址、锦屏山碑刻、大崖头遗址、南河南遗址等。

文昌阁位于官庄乡朱家峪村的最北端，坐北朝南，分上下两层。下层为“礼门”，本村人习惯叫“圩门”，意思是防止外人侵入。礼门为石砌尖拱形，拱券用长方形石料干砂制作而成。看上去非常坚固，并对基础及墙体变形有一定的适应性。礼门下部为“义路”。据村民讲该道是全体朱家峪村民共同出资出劳修建，因而取名“义路”。义路宽4.5米左右，由大小不一的石板拼凑而成，石缝就像破

图 61　朱家峪文昌阁

画面是正面描绘文昌阁。建筑置身于树木间，在阳光照射下黑白对比强烈，左简右繁的构图形式，把文昌阁的空间和环境深度拉开，碳笔的软硬表现和点线面的节奏增加了画面的层次，疏疏密密的点在画面中跳跃，既是画面语言的表达，又是对此建筑的时代感和使命感生动的刻画。

碎的冰花，既平整又美观。义路中部用长方形条石砌成一条宽带，格外引人瞩目。村民说指示人们分左右行走，类似我们现在公路上的分道线，提醒人们靠右行走。从左侧石阶向上走，看到礼门外侧石墙成行砌筑。从外表看，砌筑成行，石缝宽窄基本一致，石缝中有铸铁垫片，有长有短，且长短分布有序。这种外墙砌石叫“千砌镤而石”，石缝中采用铸铁片，是利用铸铁受压强度高的特点，避免石灰岩石片局部受压强度不够或风化水蚀造成垫片破碎，导致墙体变形坍塌。

上层文昌阁其特色之处在于屋顶。屋面为木瓦结构。下部梁、叉、檩条皆为木质；上部屋面为石灰砌筑青瓦结构。两侧屋檐上对称蹲着一排小动物。这些小动物叫“蹲兽”，根据建筑规模和等级不同而数目有所不同，多为一、三、五、七、九等单数，唯一一处用到十个的是北京故宫太和殿，除了象征着皇权的至高无上外，还意味着只有皇帝才配享受到“十全十美”的待遇。古代的宫殿多为木质结构，易燃，因此檐角上使用了多个传说能避火的小动物。这些美观实用的小兽端坐檐角，为古建筑增添了美感，使古建筑更加雄伟壮观，富丽堂皇，充满艺术魅力。

孟氏故居位于刁镇旧西村。建于清晚期，是进修堂（家族堂号）孟养轩（知名儒商孟洛川亲族）的故宅。孟氏故居存留至今的是两栋二层文物建筑和一栋单层建筑，称南楼和北楼。南楼为尖山式硬山顶二层建筑，面阔五间，进深四椽，通面阔 13.75 米，通进深 4.96 米，建筑檐高 6.72 米，建筑面积 136.40 平方米。仰瓦合瓦屋面，正脊为花瓦脊，正脊两端以青砖垒砌收尾，略升起，披水排山。前后檐出飞椽，檐头钉连檐瓦口，之后铺设望砖。木构架为五檩抬梁式，墙内砌筑砖柱支撑，室内净跨 3.97 米，上起金瓜柱承托三架梁。一、二层间设六榀木承重，上置楞木，楞木上铺钉木楼板，现俱已缺失。室内一层为青条砖地面，二层为木楼板。北楼大门及门房为尖山式硬山建筑，面阔二间，大门及门房各一间，进深五椽，大门前出廊，通面阔 7.93 米，通进深 7.10 米，建筑前檐高 3.36 米，后檐高 3.92 米，建筑面积 54.43 平方米。大门前檐明间金柱位置砌筑清水墙，开设门洞安装对开板门，大门东侧为门房，门房前后檐设窗洞，安装直棂窗，样式不详，现门房窗洞封堵，屋面拆改，梁架缺失。大门及门房室内均为青条砖地面。孟氏古楼于 2015 年 6 月 23 日被山东省人民政府公布为第五批省级文物保护单位。

图 62　孟氏故居

构图上将整个建筑在画面中以左低右高的方式呈现，改变了四平八稳构图的呆板性，使画面具有一定的动势。描绘的建筑方正大气，小门小窗点缀在高大平阔的墙体上，整洁而又庄严，与房顶瓦楞呈现的线共同组成了绘画作品中的点线面乐章，简洁淡雅而又不失威严，仿佛在述说着孟氏家族的辉煌。

博平村位于普集镇政府驻地西北四千米与绣惠镇的东南三十里交会处。曾经的绣惠镇是古章丘县的驻地，博平正是从东面的周村穿过章丘进入济南的必经之路。公元 420 年，刘裕灭东晋建立宋，向北扩展土地，山东省东南大部归属南朝宋。在江南侨置的山东郡县纷纷回迁。由于聊城的博平县旧址在黄河另一侧，尚未归刘裕南朝宋，因此博平县被侨置在今天的章丘区普集镇博平村附近。从博平村的形成历史来看，博平村至少存在了 1500 多年，这在山东的古村落中是不多见的。由于时间太久，建村之初的建筑都已经消失，现存的都是明清时期的建筑。但这些建筑保存至今也实属不易。在博平村内有一条东西走向已经废弃的古官道，这条东西北街宽约 4 米，长约 200 米。老街上有数十处古典雅致的门楼、建筑。

走进博平村，只见村中的道路宽敞整齐，主要街道就是东西大街和东西大街的北街，街道两旁断断续续可以看到许多古旧的老门楼，大街两侧的墙上拴马桩连续排列，可见当时这里车马人流的繁华热闹，显现了当年这里曾经的经济繁荣。村中现保存有大量的清至民国的老建筑，其中既有富人的气派大宅，也有普通人家的民居，还有祭祀宗族的祠堂。这里门楼的共同的特点是台阶较高，门楼顶端青砖小瓦，飞檐上的瑞兽略有不同，大门上端两侧青砖雕刻着吉祥花纹，大门上端有木质框架上面刻有吉祥图案或人兽牲畜花草等。这些老建筑大都分布在村中东西大街南北两侧。

图63 博平村

画面中是博平村一幢有代表性的建筑院落。运用仰视的成角透视建构画面，两条斜线把庭院的纵深感拉开。以大门为中心进行刻画，两旁的胡同路向远处延伸，建筑坚硬挺拔，青砖斑驳，岁月的痕迹十分明显，墙面的痕迹，石料的腐蚀，更加生动自然。运用皴擦点染营造画面，既实现了绘画语言的表达，又使画面在述说着曾经的故事和曾经的传说。

图 64　张舜臣碑楼

此图从三分之一正侧面描绘了张舜臣碑楼。运用了大量“点”和“线”的绘画语言表现了该建筑青砖的斑驳和砖块缝隙的连接，这一特点在该建筑的底部和地面部分最为明显。这样处理画面，在写意的同时对建筑本身也做了还原。成角构图稍仰视其建筑，这种构图空间感强，表现物象全面，使观者全面审视其图形，造型上方圆软硬结合使建筑的材质感得到生动表现，利用绘画语言的点线面及线条的粗细、点的大小与疏密表现建筑极富生动性和神圣感。

张舜臣碑楼位于宁家埠街道马彭村东南。碑楼始建于明隆庆元年（1567 年），是明代户部尚书张舜臣去世后族人为安放隆庆帝谕文碑石而修建，距今已经有四百五十年的历史。碑楼为砖石结构（室内无木构架），坐北朝南，共三层，总高 8.3 米，室内为穹顶。面阔一间，进深一间，面阔 2.35m，进深 2.35m。底层外墙长宽各 4.55 米，二层外墙长宽各 4.07 米，三层外墙长宽各 3.35 米，建筑面积 21.62 平方米。楼内之御赐龙头碑高约六米，赑屃为座，威风凛凛，气势非凡。屋面形式为灰瓦十字歇山顶，正脊雕刻西番莲和莨菪缠枝纹样。墙体为青砖砌筑，砌筑形式为十字缝，白灰砂浆勾缝。碑楼一层四面辟门，门洞之上做有石券，类型为平水券。二层四面辟窗，窗上做有砖券，砖券类型为半圆券。室内地面为条砖十字缝。南、北立面门洞两侧雕有砖雕，砖雕手法为浮雕。砖雕图案为向日葵和玉如意，二层、三层立砖的砖雕图案为西番莲和莨菪缠枝纹样，三层屋面博缝头砖雕图案为牡丹。张舜臣碑楼是山东唯一一座歇山十字顶碑楼，砖石结构，结构稳定。

邹平市：泰山副岳　范公故里

黄河流经邹平市 21.695 千米。河道上接章丘区，起自码头镇原苗家村西北，向东经台子镇北董原村址东北流入高青县境。

邹平市位于滨州市西南部。介于北纬 36° 41′—37° 08′，东经 117° 18′—117° 57′ 之间。地处鲁中泰沂山区与鲁北黄泛平原的叠交地带，东接工业重地淄博，西邻山东省会济南，南依胶济铁路，北靠黄河，总面积 1252 平方千米。

邹平市文物保护单位有 25 处，包括滨州范公祠、唐李庵、醴泉寺志公碑、王薄起义遗址、邹平基督教浸礼会教堂、大英畏烈士殉难纪念碑、邹平永安桥、天子墓等。

醴泉寺风景区位于邹平市西南长白山中。醴泉寺始建于南北朝时期，距今有 1500 年的历史，由法师庄严创建，当时名为龙台寺。唐中宗时寺僧仁万重建寺院，寺院落成之日，恰东山有一泉涌出，中宗赐名“醴泉”，为济南七十二名泉之一，自古就有“品重醴泉”之说。醴泉寺建于群山环抱之间，坐南朝北，环境幽美，山峪纵深，古木参天，为一方之名寺。整座寺院由两大主殿和三大偏殿组成。主殿由北至南分别为天王殿、大雄宝殿，西偏殿由北至南为观音殿、释迦牟尼佛殿，东偏殿为地藏殿。大雄宝殿南为范公祠。

2006年新建成的醴泉寺景区占地20000平方米，总建筑面积5400平方米，在建筑布局上继承了明代风格，坐南面北。大门两侧蹲踞着一对石狮，迎门为文昌阁，阁上有殿，塑有文昌帝君神像。殿西有一古钟，径口2米，高3米有余，撞击之声响彻数里。阁南为大雄宝殿，能容千人。殿中有释迦牟尼石像，系一巨石刻成，仅头部就有1米多高。殿后有东西两个跨院，东为范公祠，西为三星殿等，整个建筑完整和谐，浑然一体。

图65 醴泉寺

此图选取的角度是醴泉寺的正面，利用明暗对比和点线面整体把握，运用线条勾勒和涂抹等方式，将建筑中的特点有取有舍地表现出来，让作品在有一定细节表现的同时还不失整体性。采用虚实对比将前方大殿与后方的偏殿在空间上拉开，让观者的视线能够顺着阶梯向上看去，仰视该建筑的宏伟大气，尽显其背后的人文情感和历史意义。

梯子坝位于码头镇黄家村原址西北至台子镇北董村原址处的山东邹平黄河水利风景区，依托气势磅礴的黄河大堤而建，规划面积 300 平方千米。原坝长 2000 米，始建于清光绪十年（1884 年），当时为齐东县城的护围。因为这条坝直插河心，形如梯子，才有了“梯子坝”的名称。清光绪十八年（1892 年）坝前头冲垮 300 多米，使齐东县城塌入河中，后来加固，现坝长 1640 米。景区依托黄河工程和水土资源优势，积极打造“一带三区”工程，也就是黄河绿色生态观光带、梯子坝黄河景区、码头休闲农业与乡村旅游区、台子古城文化与生态采摘区。景区内黄河河段兼具游荡型与过渡性特点，河沙淤积形成“地上悬河”河段成为景区一大特色，景区内水利工程包括东西 22 千米的临黄大堤，一处险工，三处控导工程以及两处引黄闸，其中梯子坝险工因形似架于黄河之上的梯子而得名，被誉为“黄河第一险工”，是景区标志性工程。景区融旅游观光、休闲度假、科普宣传于一身，是自驾旅游的理想园地。

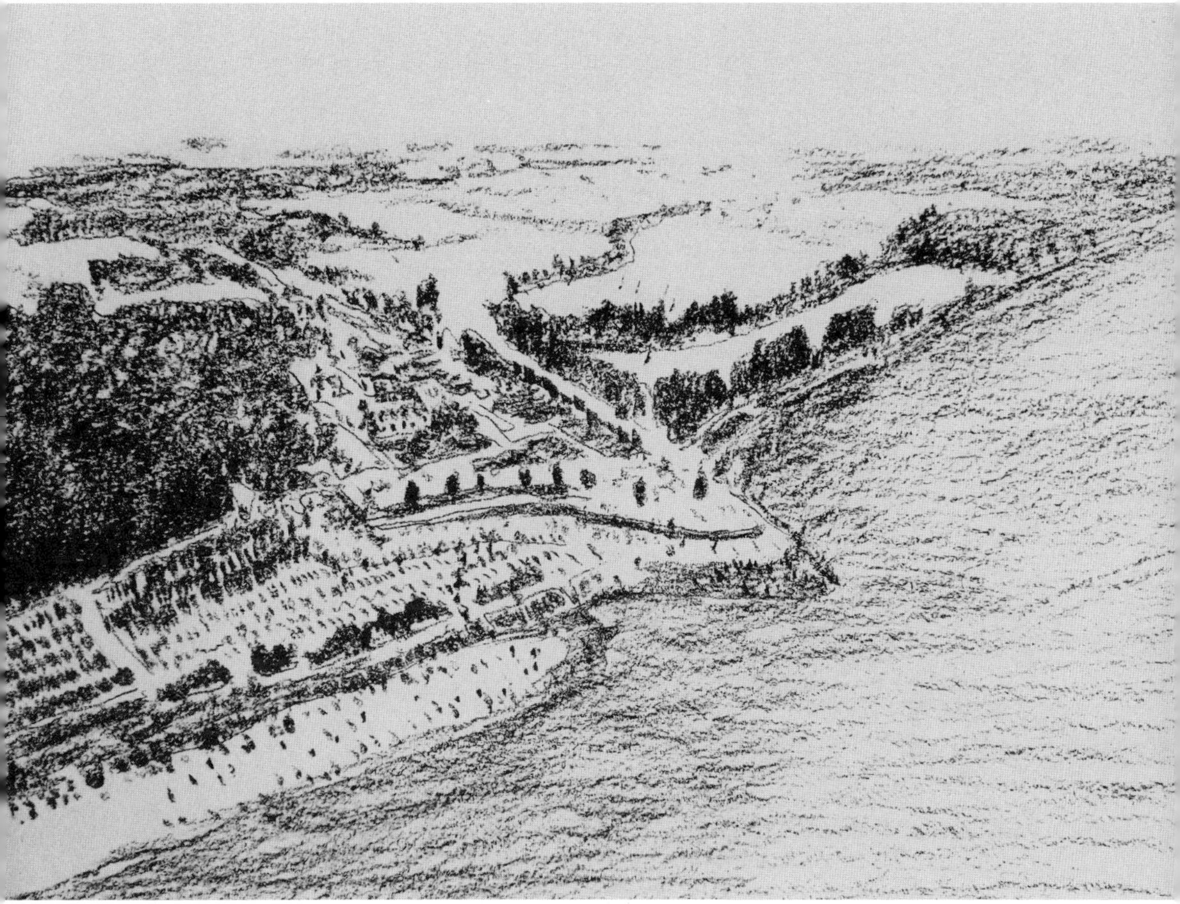

图 66　梯子坝

此图用鸟瞰的方式表现“黄河第一险工”。用黑色来表现郁郁葱葱的树木，用白色表现河堤和黄土地，用灰色表现滚滚黄河水。在构图上，右下方是黄河，左上方是大地，画面的中间则是梯子坝，不仅表现了梯子坝所处的地理方位，还表现出了梯子坝的整体造型。用舞动的线条表现茫茫原野的勃勃生机，用黑色色块与色点表现树木的葱郁，用具有动感的虚线表现黄河水的流淌，使整幅画面孕育着勃勃生机。

图 67　黄河雪景

此图用鸟瞰的视角表现黄河，用黑色表现冬日树木的枝干，用白色表现被雪覆盖的河堤与大地，用灰色表现黄河水。画面正中是黄河，用记号笔的干笔涂抹，使之形成淡淡的灰色，代表黄河水的颜色；右下方是近景的河堤，有道路，有农田，有树木，在白雪的覆盖下斑斑点点，或隐或现，用线的疏密和点的变化表现大自然的迹象，富有节奏感；左上则是远景，用同样的方法虚虚地表现对岸远景；画面的上方是冬日里凛冽的天空，运用留白使天地呼应，浑然一体。极富节奏和韵律感地刻画了人与自然和谐共生的情境。

黄河进入邹平码头时拐了一个弯，在“黄河险工之最”梯子坝留下写意的“几”字，以其特有的韵律缓缓地向着入海口奔流，形成了特有的黄河生态景观。春季，黄河生态园千树万树花开似海，沿着河堤织成春天的花带；夏季两岸绿柳婆娑，绿茵如毯；秋天，十千米水果长廊果香四溢，沁人心脾；冬季，白雪覆盖的浮桥、村庄、梯子坝、齐东古城，蕴藏着冬天的故事，等待着又一个黄河之春的到来。“沿着黄河去码头”“上台子—黄河”“爱在黄河边”，这是近年叫响的黄河文旅品牌，台子沿黄产业特色镇、码头品质文旅小镇、黄河森林公园、梯子坝生态公园、齐东古城遗址黄河文化园、黄河郊野公园等适应时代发展的新的打卡地逐步建成，全面呈现黄河风景区独特魅力。作为“山东省农业旅游示范点”的台子无花果园、海棠园、邵家村圆铃枣园、前安村甜瓜基地、李坡韭菜基地等农旅项目创新融合，打造成独具特色的生态产业民俗风情区。骑着单车沿着大堤看黄河，在岸边掬一捧黄河水，喊一声黄河号子，逐渐成为黄河沿岸人民的新习俗、新时尚，由黄河特色产业和独特的生态环境打造的文旅项目成为黄河流域生态保护和高质量发展的重要成果。

唐李庵位于城西5千米会仙山东麓。是著名佛教寺庙，兴建于隋唐，素有齐鲁“小灵岩”之称。唐李庵现存建筑面积820平方米，集风景观光、佛教拜祀、文化探寻等功能于一体，历史悠久，小巧玲珑，曲径通幽，文脉昌盛。这里果树满坡，松柏常青，沿弯弯曲曲的山路盘旋而上，几重山崖之后，方见万绿丛中有飞檐斗拱隐现。虽无钟钹鼓磬之音，却能令人顿觉渐入尘世之外。庵内现存主要建筑有大殿、东西偏殿各三间，另有跨院僧房、藏经楼和寺南接待香客的客房、寺东的姑子庵草房等，总计有房屋32间，建筑面积820平方米，距今已有400多年。大殿中间墙上彩绘巨龙一条，此前曾供释迦牟尼贴金塑像。两侧及东西山墙上彩绘佛祖收降六耳猕猴等佛教故事。据山东省考古人员鉴定，内中有明代壁画多幅，仍色彩鲜艳，形象逼真，为罕见的艺术真品。环释迦牟尼像旧为四大金刚及十八罗汉塑像，今皆不存。殿外廊之左右墙上彩绘门神各一，大门之上栏板上有清代彩绘的传说故事。门楣上悬“福利恒沙”四个大字，左右楹联已在“文化大革命”时期被铲除。大殿、屋脊、檐角均饰有双龙和吻兽，内部绘有钟馗捉鬼、菩萨像、唐三藏取经、八仙人物、哪吒闹海、彩色神仙飞升图、墨色老虎、竹子、彩色三国演义故事，以及墨色山水、人物画等大量壁画。庵内还有明隆庆元年至清道光年间增修唐李庵石碑4座，丁香、柏树数株和一株相传有500年树龄的文冠果树一株。庙南建有兴林塔，其中东西配殿梁柱上有明代四爪飞龙彩绘，国内罕见。寺院东侧植有文冠果树一株，树龄已逾千年；寺院南侧有350年树龄的“法师手植桧”及500多年树龄的“女菩萨丁香树”。寺院两侧建有梁漱溟纪念馆及乡贤名人书画展厅，保存有珍贵的文字及图片等历史资料。

图 68　唐李庵兴林塔

兴林塔建在一座小山坡的顶部，此图单纯刻画了兴林塔的全貌，周围景物被符号化概括，予以映衬。此塔造型别致，似有龙爪探出，极富节奏感和绘画性，表现上用炭笔进行皴擦点染，表现结构和门窗，用粗重的点线勾勒“龙爪”表现力量。在点线面和黑白灰的节奏中，准确把握该建筑的结构和虚实变化。塔周边的树木及底部的建筑，都进行了符号化及虚化处理，使主题更加突出。

惠民县：
鲁北首邑　燕津门湖

黄河流经惠民县46.28千米。流经大年陈、李庄、清河、魏集4个乡镇。清河镇以南的白龙湾是黄河下游著名的险工地段，原为大清河故道，黄河袭夺大清河后，因水量激增，漫决成灾，群众沿河筑堤保护，其后，岸段经常漫决，遂成为险工段。这里流传着一个关于小白龙为民造福的美丽传说，为白龙湾景区增添了一道神秘色彩。

惠民县位于滨州市西部。介于东经117°17′—117°49′，北纬37°6′—37°35′之间。北与滨州市阳信县接壤，东邻滨州市滨城区，南隔黄河与邹平市、淄博市高青县相望，西与济南市商河县、济阳区交界。县域南北长度51千米，东西长度46.5千米，总面积1363.42平方千米。

惠民县历史悠久，文化灿烂，史迹遗存较多。截至2022年1月29日惠民县全县范围内有文物保护单位68处，其中国家级文物保护单位1处、省级文物保护单位12处、市级文物保护单位8处、县级文物保护单位47处，共68处。还有革命遗址遗迹1处，县级革命类文物保护单位11处。

中国孙子兵法城位于县城西北隅，是为了纪念伟大的军事家孙武，充分挖掘弘扬孙子文化而修建的秦汉式大型园林建筑群。它以具有千年历史的宋代古城墙遗址为依托，

图 69　中国孙子兵法城

此图正面描绘了兵法城，利用平行透视构图形式，将秦汉建筑风格展示出来。画面前方的雕塑和后方的建筑主体一大一小，一方一圆，形成了强烈的对比，同时也把空间关系拉开，用点的方式有取舍地描绘了前面的砖块，点点斑驳增强了建筑的年代感。画面黑白灰的布局和有节奏的点线，使整幅画对比明显且突出阳刚之气和威严之感。

以“和平、战争、智慧”为主题全面展示博大精深、享誉中外的《孙子兵法》兵家智慧。景区由 15 座大殿和 224 间厢房组成。整组建筑古色古香，汉韵十足，楼台亭轩，古井涌泉，交相辉映，曲径翠竹，古柏垂柳，摇曳生姿。它是继北京故宫、曲阜孔庙之后我国第三大庭院式人文景观，是山东省“一山一水两圣人”旅游体系的重要组成部分。目前景区是国家 3A 级旅游景区，被中国人民解放军国防大学、南京陆军指挥学院、徐州空军学院、海军航空工程学院等 21 所军事院校列为教学基地，被授予中国古代军事文化教育教研基地、山东省旅游细微服务示范企业、山东省国防教育基地、山东省服务业先进单位、山东省象棋运动基地、山东省爱国教育基地等荣誉称号。

魏氏庄园位于魏集镇，是清代布政司理问、武定府同知魏肇庆的私人宅第。是我国北方现存的唯一一处清代城堡式民居，建于清光绪十六年至十九年（1890—1893 年）。魏氏庄园既承袭了北方传统四合院的对称、严谨、雄厚之风，又借鉴了南方阁楼的建筑特色，将我国南北方建筑艺术进行了巧妙结合。更为奇特的是，它将层层设防、易守难攻的军事防御功能与中国传统民居有机地融为一体，是民居建筑运用《孙子兵法》军事思想最科学、最系统、最严密的杰出典范。城门体从外形上看为台形体，上面设有城楼。在城垣的东南与西北角各设一突出墙体的碉堡，碉堡分为上、中、下三层。各层之间设石质传话孔，便于传递信息。地墙的顶部，内设女儿墙，外砌槽口，中间为地道。城垣内壁四周设有 12 个拱券形壁龛，龛内有两层射击孔，可供武装人员对外射击。

魏氏庄园的城垣建设继承了中国古代城垣建筑中传统的基本模式和特点，城垣的建筑平面为矩形，南北长 84 米，东西长 46 米。墙体高 10 米，墙基厚 3.8 米，顶部宽 1.5 米。墙体结构采用明清城墙的传统结构形式，内为灰砂三合土构筑，外表色砌青砖。墙体还用三层条石连接，结构坚固。

魏氏庄园住宅坐北朝南，住宅内共设三进九座院落，分别由中路和东西两侧跨院组成，总平面按着南北纵轴依次布置院落。主体建筑遵循汉代以来前堂后寝的传统原则排列。其他两侧跨院的房屋按不同用途分别设置。各个院落的组合都有严谨规整的建筑格局。两侧跨院分别有私塾院、裁缝院、厨房院等。院落间设有通道、房屋间以夹壁墙和暗道相连，通过石流向内宅供水，供物靠内外相通的壁洞，各房间冬季取暖采取中国传统的火炕式。此外，内宅北大厅东西两端设有吊桥，连接城墙顶部。北部院墙的

图 70　魏氏庄园

此图利用平行透视的构图突出了空间感，画面以城墙大门为中心，两侧为堡垒式房屋，前方是院落和开阔的地面，简洁地交代了魏氏庄园的面貌。利用炭笔软硬勾勒建筑轮廓，用皴、擦、点、染等艺术语言塑造墙面的质感，或直或曲，或方或圆，或实或虚，或急或缓，表现出这一古建筑背后的智慧与广大劳动人民汗水的结晶。

宽度由东南至西北依次递减，院墙东南与西北两角，建有两座三层碉堡，每层均有正、侧两面射击孔，各层地面还开有便于沟通的方孔，东、西院墙与内宅院间还设有两处吊桥。它完全继承了中国北方民族建筑的优秀特点，又有新的发展和创造，是一组典型的北京四合院式住宅。城堡内有 50 余间粮仓，可贮备大量粮油，地下埋有大量煤炭，有两眼砖砌水井，遇到战争或灾荒，即使经年不开城门也有足够的生活保障。

惠民英国教会医院位于惠民县滨州中心医院院内，该院原名“如己医院”，有“爱人如己”之意，是英国循道公会圣道堂在惠民县开设的一家大型教会医院。该医院开办于 1919 年，1932 年正式被命名为如己医院。由于惠民教会的不断兴盛和发展，教会医院也不断扩大和完善，除医院主楼之外，又相继建成了院长楼、大夫楼、护士楼以及部分附属建筑。现存建筑仅剩 6 组，分别是主楼（山字楼）、院长楼、牧师楼两组、教堂（平房）、平房。所有建筑均为砖、木、石结构，楼房都有地下室，而且地板不直接与地面接触，并设通风孔，有效缓解潮湿。

据史料记载，教会医院首任院长是英籍人士杜裴迪。20 世纪 20 年代初，医院曾举行过医学知识展览，借以宣传教会医院和加强人们对西医技术的认识和了解。1941 年，医院被侵华日军占领，被迫迁至县城，改名为“武定道立医院”，后改为惠民县立医院。1945 年 8 月 30 日惠民解放后，中国籍的医护人员集体参加革命工作，如己医院也回到了人民手中。1950 年又迁入渤海军区后勤部医院，以后又依次改为山东省人民政府卫生厅第八康复医院、惠民专区第二疗养院、惠民结核病防治所、惠民地区结核病防治医院。1983 年惠民医院被确定为惠民县重点文物保护单位，2009 年被公布为滨州市第二批市级文物保护单位。

图 71　惠民英国教会医院

此图利用成角透视仰视角度由画面左上方向左下和右下延伸，使建筑群既层次丰富又庄严肃穆。用线简捷了当地，抓住了西式融合建筑的造型特点。墙面的砖瓦以及屋檐的细节，用“点”的方式表现，舍去了一些琐碎的细节，以保证绘画语言完整。在长线勾勒和虚实点的磨蹭下使得这一别具风格的建筑更加熠熠生辉。

渤海革命老区机关旧址由惠民县委、县政府于2012年复建，占地面积8500平方米，2013年7月开馆，由迟浩田上将亲笔题写馆名。基地分渤海革命史第一和第二院落、渤海革命老区机关旧址院落、通道四组浮雕、主题广场、英烈碑廊六个展区，通过动静态展示板块、培训流程策划，借助历史图片、场景复原、真实史料、影像资料等形式，系统总结回顾了1937年到1950年期间渤海区军民一心支前抗战、夺取胜利的光辉历程。该基地重点讲述“边区慈母”马振华、地下交通员王壮基和巾帼英雄吴洪英等革命人物事迹，通过丰富的教学内容，多样化的教学形式，声情并茂的故事讲解增强教育培训的说服力、感染力和实效性。现已成为面向各级党员领导干部、武警官兵、青少年群体、广大群众开展党性教育、爱国主义教育、廉政教育和党史学习教育等的培训基地。

图 72　渤海革命老区机关旧址

画面中建筑、树木、天空被极其简朴地安排在画面上，呈现出干净的墙面、坚硬的瓦顶，绿意浓浓的枝叶。利用平行透视的构图，巧妙地透过大门表现内景，把旧址大门与院内的空间和环境拉开，远近虚实结合，利用笔和色的变化，充分展现了质地感。

高青县：
太公封地　田横故里

黄河流经高青县 45.6 千米。自黑里寨镇潘家村入境，在木李镇白龙湾村转向东流，至芦湖街道沙土魏村出境，堤防长度 46.92 千米，流域面积 58.2 平方千米。黄河是淄博市及高青县主要客水资源，占年用水量的 60% 以上，有马扎子和刘春家两处引黄闸。

高青县位于淄博市北端。介于北纬 37° 04′—37° 19′，东经 117° 33′—118° 04′ 之间。北部、西北部隔黄河与滨州市滨城区、惠民县相望；东部、东北部与博兴县、滨城区接壤；南部以小清河为界与邹平市、桓台县相望。县境东西最大横距 45 千米，南北最大纵距 26 千米，总面积 831 平方千米。

截至 2023 年 5 月 23 日，高青县权限范围内拥有 37 处文物保护单位，其中国家级文物保护单位 2 处，如青城文昌阁；省级文物保护单位 8 处，如鲁仲连墓；市级文物保护单位 27 处，如衮龙桥。

文昌阁，又名魁星楼，位于县城内富民路与文昌路交叉路口，始建于清乾隆元年（1736 年）。1992 年，青城文昌阁被山东省人民政府公布为山东省省级文物保护单位。2013 年 5 月 3 日，青城文昌阁被中华人民共和国国务院公布为第七批全国重点文物保护单位。

图 73　文昌阁

此图选取文昌阁的正面角度。因其建筑本身细节较多，在表现时采用印象手法，其主体线条勾勒硬朗，细碎之处采用炭笔的皴擦点染，或轻或重的表现物象，但又不失细致精微，让点的跳动和线的旋律以有序和无序的方式跃然纸上，这些细节较为透气，细碎又不失整体。

青城文昌阁是一座过街楼式建筑，跨建在古青城县城中心的十字大街上。青城文昌阁为塔式，楼基为砖石结构，楼基以上为三重檐木结构主体。基座为正方形，高 7 米，边长 10.8 米，基座下为宽 4 米、高 5.3 米的十字形卷拱门洞，衔接着通向东西南北城门的四条大街，东西南北两条大道在楼底垂直交叉通过。主体第一层以直径 30 厘米的圆柱支撑飞檐，二层为暗层，中间以砖砌四壁直达三层，绿瓦珠顶，楼通高 20 米，四个高高翘在空中的檐角，皆系有铜铃，造型雄伟。青城文昌阁每层四角攒顶，装饰斗拱，釉瓦覆顶，四脊有石兽。檐下挂有铜铃，微风吹来，发出铃声。顶端冠一木质铅灰色大圆宝顶。

文昌阁是古青城县的“八景”之一，谓之“高阁晴霞”。它坐落于城垣环绕的城区正中，凌驾于绿树掩映下的建筑群之上，抬眼望去，高阁在云霞灿烂的苍穹映照下，更显得挺拔壮丽，气势不凡。游人登上高阁，凭栏远眺，“高阁晴霞”之美妙，尽在不言中。暮春时节，村舍里炊烟袅袅升起，千里沃野上男耕女种，呈现一派勃勃生机；仲秋时分，农民们收获着黄澄澄的庄稼，丰收美景尽收眼底。风清日丽之时，南眺可见邹平市境内的黄山和青龙山，北望可数浩瀚黄河中的离离船帆。

衮龙桥即高城护城河北门桥，位于狄城遗址东南角，高城镇北关村村北口。相传宋太祖赵匡胤在平定天下的一次战斗中失利，单人匹马跑到高青县，县城北的济水河上有一座桥，赵匡胤催马准备过桥南行，不料马失前蹄，赵匡胤滚鞍落马，跌入桥下河滩，河滩内布满荆棘，因赵匡胤是真龙天子，棘神便让棘针倒立朝下，以免伤害天子。因此，后人将这座桥叫作衮龙桥，将这里的荆棘称为顺王棘，现此种荆棘尚存。这也是“桥畔衮龙马蹄失，太祖斥剑御井斜”的故事。

衮龙桥原为土筑，明代邑人王宁出资将此桥改为全部石建筑。单孔、卷拱系镶边纵联砌石，卷拱跨度 2.2 米，拱顶至桥面 1.45 米，桥面用青石板铺成，南北长 5.8 米，东西宽 6.2 米，四角有圆形石基，桥东侧石刻“衮龙桥”三字，因风化严重，已模糊不清。1999 年，被确定为县级重点文物保护单位。2010 年被确定为市级重点文物保护单位。

图 74　衮龙桥

此图将衮龙桥放置在画面中央，用白色处理，用线和点来表现砖面的斑驳。桥后为茂密的树林，用黑色处理，用皴擦的方式进行渲染。画面前的草丛，用灰色处理，使用了大量线条来表现杂草丛的密密麻麻和随风摇曳。这种处理方法能够更加突出衮龙桥的中心位置，交代该建筑所处的环境和空间。

高青县地处鲁北黄泛冲积平原，属黄河三角洲腹地，特殊的地理位置，使位于这条“神奇纬度”上的高青，农业种植业极其发达，稻米、西瓜、西红柿等一个个国家地理商标享誉南北。高青县还是“中国秸秆养牛示范县”，全年可利用的农作物秸秆、牧草总量达到惊人的 6.5 亿公斤，高青小黑牛喜欢吃的野大豆、野绿豆等天然牧草资源也极其丰富。流经高青的黄河，滋养了境内众多湿地，挺拔高耸的黄河大堤，像一位温情的守护者，有效遮挡了来自北方的冷空气，由此造就了高青特殊的湿热小气候，为高青小黑牛的繁育生长提供了一个遮风避寒的“家”。三面环水，河网密布的高青，自古温泉资源丰富，河流和地下水富含锶等 60 种微量元素和矿物质，高青黑牛常饮此“矿泉水”，这也是高青黑牛肉质营养丰富、口感出众的“独特秘方”之一。

高青黑牛体型较大，牛毛、牛舌均呈黑色，牛角底部为白色、顶部呈黑色，具有非常显著的外观特征。犊牛需经 30 个月龄育肥，出栏前成年母牛体重可达 600 公斤以上、公牛体重达 750 公斤以上。

高青黑牛在口感上拥有极大优势，其肉质好，肌肉纤维细腻，没有膻腥味，经科学饲养，肉质呈现自然的奶香味以及丰富的油花。而且，其油花较其他品种的牛肉多、密而平均。油花是肌肉间的松软脂肪，其分布平均细致，肉质就会嫩而多汁。油花在 25℃会溶化，与细嫩的肌肉相融合，带来入口即溶、香嫩多汁的口感。

图 75　高青黑牛

此图是炭笔勾勒，稍施水彩淡色的作品，画面饱满地刻画了五只高青黑牛，这五只黑牛有的在昂头前进，有的在徐行，有的在低头吃草，有的在回头凝望。在表现上用颜色区分，按照从前往后的顺序由重变浅，这样能更好地交代画面关系。用斑驳的光感浸润，使得阳光与水汽跃然纸上，画面上的黑牛仿佛在吸收着天地之灵气，茁壮成长。

高青地理位置优越，坐落于最适宜生存的北纬37度，枕着黄河的臂弯，镶嵌着淄博市引黄水源地——大芦湖，得天独厚的环境，孕育了高青丰富物产。惠青黄河公路是南方江浙沪等发达地区直入京津最便捷的跨河通道，为惠民、高青两县带来大量的人流、物流和信息流，惠民县传统意义上“京津锁钥”的地位也将由此重新焕发活力。不但对惠民、高青两县经济发展起到巨大拉动作用，也将有力地推动黄河南北经济交流和产业对接，成为京津冀及环渤海经济圈的重要交通要道。

图 76　青惠黄河大桥

此图用鸟瞰的方式表现高青县独特的黄河盛景。用灰黑色来表现郁郁葱葱的树木，用白色表现黄河，用硬直的黑色方块表现桥体。在构图上，中间是黄河，左下和右上是原野，画面的中间则是桥体，由左下角向右上角倾斜，用这样的构图方式不仅很好地表现了主题，还表现出了画面的气势。用舞动的线条表现茫茫原野的勃勃生机，用黑色色块与疏密线条表现桥的坚固与敦实，用留白表现黄河和天空，使整幅画面孕育着勃勃生机。

滨城区：
游目骋怀　自在滨海

黄河自里则镇西圈王村入滨城区境，至张王庄入利津县界。堤线长北岸 39 千米，南岸 23.5 千米，南北堤距 2100—3500 米，水面宽 500—600 米，年均流量 1500 立方米 / 秒，输水量 457.1 亿立方米。2022 年以来，滨州市文化和旅游局主动融入黄河流域生态保护和高质量发展国家战略大局，坚持文旅融合发展、文化传承弘扬、产业效能提升，打造黄河流域文旅发展样板。

滨城区位于滨州市中心偏东南，南扼黄河咽喉，北控徒骇。介于北纬 37° 12′ —37° 41′，东经 117° 47′—118° 10′之间。东临东营市利津县，南与博兴县、淄博市高青县毗连，西与惠民、阳信两县交界，北与滨州市沾化区接壤。总面积 1043.29 平方千米。

滨城区主要旅游景点有 4A 级杜受田故居、3A 级三河湖风景区、中海风景旅游区、秦皇台风景旅游区、怀周祠、蒲湖风景区、渤海革命老区纪念园共 7 个。

杜受田故居位于城区滨北街道南街。其建筑始建于明朝万历年间，为国家 4A 级旅游景区、省级重点文物保护单位、省级廉政教育基地、市级爱国主义教育基地、市级青少年教育基地，是山东备受游客喜爱的旅游景点之一。

图 77　杜受田故居

此图描绘的是故居院落的一角，房屋、院子、树木、花草、观石错落组合，在阳光照射下黑白对比强烈，建筑是典型的北方式平顶建筑，屋前青砖灰瓦、砖雕石刻，树木遒劲有力，枝丫此起彼伏，观石玲珑剔透。利用平视的构图形式，把空间和环境深度拉开，利用炭笔的线条勾勒和对光影涂抹，再加上揉擦增加了画面的层次，让观者深切感受到帝师故里、杜氏文化的博大精深。

杜受田故居是清朝帝师杜受田的旧居，也是杜家众多名臣的旧居。故居占地约 10000 平方米，201 间房屋，建筑风格简单、朴实，是典型的明清鲁北建筑。开放通畅是杜故居的典型特点，空间上相对独立，户户相通，整个大院透露着和睦共处、温馨和谐的家庭氛围。杜氏文化的第一要义就是正心，心正则人正，人正则事正。杜氏家风家训孕育了杜氏十几代人，培养出四朝元老杜堮、帝师杜受田、顾命八大臣杜翰等，成就了滨州杜家“一门之盛，甲于天下”的美誉。

怀周祠位于杨柳雪镇杨柳雪村。是国家 3A 级旅游景区，杨柳雪村有光荣的红色传统，20 世纪六七十年代，因连续七年粮棉双高产、双贡献，被周恩来总理树立为“全国棉区的一面红旗”。1999 年，为缅怀总理，群众自发筹资建成怀周祠，并以此为核心，精心打造了怀周祠景区。景区包括怀周祠、“六个杰出楷模”主题展馆、杨柳雪村村史馆、杨柳雪村大礼堂、讲习所、初心园和研学中心。通过创新策划党性教育、参观学习、拓展训练等精品红色文旅活动，将红色文化与景区游览相融合，丰富发展红色文旅产品。2019 年 8 月，杨柳雪片区成功创建为山东省乡村振兴齐鲁样板省级示范区。

图 78　怀周祠

此图选取的角度是怀周祠的外景。门、墙、树和天空的飞鸟相映成趣，简练而不简单，单纯而不单调，画面中线条干练生动，疏密的点协调整个画面，几个代表树的黑色块和大门的重色点缀并丰富层次。生机与活力跃然纸上，使整个画面活跃起来。

图 79　渤海革命纪念园

此图采用对称式构图形式，表现了纪念园外观的庄严与肃穆，大门呈正三角形构图形式，伟岸挺拔，透过门洞能看到主体建筑，使用中性笔细线表现，建筑局部的装饰与结构用点的疏密有节奏的布局，画面中心的红色五角星和飘扬的五星红旗刻意涂上重颜色，使其格外醒目，凸显主题。整体造型呈八边围合状，与纪念馆内院所建五角星顶多功能厅交相辉映，象征着渤海区革命力量在中国共产党的领导下，来自四面八方，走向四面八方。

渤海革命老区纪念园位于滨北街道凤凰八路北首，前身是北镇烈士陵园、渤海革命烈士陵园，是为纪念在抗日战争、解放战争中英勇牺牲的革命烈士而修建。园区占地 35000 平方米，建筑物总面积 25000 平方米，记录了革命战争年代，渤海区 55308 名革命烈士金戈铁马血洒疆场，筑起守护家国的钢铁长城，用信仰和忠诚书写了波澜壮阔的英雄史诗。园内包括渤海革命老区纪念馆、滨州革命军事馆、渤海革命纪念塔等主要建筑物。墓区共安葬 297 名烈士，其中 127 名为无名烈士；烈士英名录碑廊，镌刻着渤海区 55308 名革命烈士的英名及详细信息。纪念园始建于 2007 年，2009 年 9 月正式开放，是国家重点烈士纪念建筑物保护单位、国家 3A 级旅游景区、全国社会科学普及基地、革命传统教育基地、国家国防教育示范基地等。园区在传承红色基因、弘扬老渤海精神、开展党性廉政教育、褒扬祭奠革命先烈和激发全社会爱国热情等方面发挥了重要作用。

舞狮，是中国优秀的民间艺术，古时又称为“太平乐”。舞狮有南北之分，南狮又称醒狮。狮子是由彩布条制作而成的，每头狮子一般由两个人合作表演，一人舞头，一人舞尾。表演者在锣鼓音乐下，装扮成狮子的样子，做出狮子的各种形态动作。在表演过程中，舞狮者要以各种招式来表现南派武功，非常富有阳刚之气。舞狮被认为是驱邪避害的吉祥瑞物，每逢节庆或有重大活动必有舞狮助兴，历代相传，长盛不衰。舞狮活动也广泛流传于海外华人社区，有华人之处，必有舞狮，这成为扬民族之威、立中国之魂的重要仪式，以及海外同胞认祖归宗的文化桥梁，其文化价值和影响十分深远。狮子舞也是滨城区人民最喜闻乐见的表演活动。

图 80　狮子舞

此图描绘的是狮子舞的一个瞬间动作。画面中的三只狮子摇头晃脑，或聚或散，表情丰富，通过翘起的脚，晃动的头，摇摆的尾，可以看出画家对其动态的把握和生动的刻画，狮头的曲线，狮身毛发的流线，既表现了造型美，又展现了质感的变化，使得图画活灵活现，把这一民俗很好地用图画形式描述记录下来。

博兴县：博纳百川　兴及千里

黄河流经博兴县14千米。自滨州市小营镇高井村北入境，在博兴县乔庄镇东北出境，流域面积300平方千米，汇水面积9.36平方千米。

博兴县位于滨州市东南部。介于东经118°03′—118°23′，北纬36°58′—37°23′之间。东邻东营市的东营区与广饶县，南接淄博市临淄区与桓台县，西与淄博市的高青县接壤，北与滨城区相连，并隔黄河与东营市利津县相望。南北长45.8千米，东西宽29.5千米，总面积900.7平方千米。

博兴县境内有黄河、小清河、支脉河三大水系。博兴县地处渤海凹陷与泰沂山区山前冲积平原的交界地带，县境内小清河以北属黄泛平原，小清河以南属泰沂山区山前冲积平原，地势西高东低，南北高，中间洼，呈簸箕状。矿产资源主要有石油、天然气、地下热水、矿泉水、砖瓦用粘土、建筑用沙等。博兴县属温带大陆性季风气候，四季分明、气候宜人，盛产小麦、棉花、大豆、玉米以及林果、蔬菜等多种农副产品，是全国蒲草系列工艺制品的唯一产地、全国草柳编工艺品出口基地，柳编和草编分别入选国家非物质文化遗产名录和山东省非物质文化遗产名录，也是山东省重要的粮棉生产基地和无公害蔬菜生产基地，被命名为“中国草柳编之乡”“中国优质西红柿之乡”。

博兴县有众多旅游景点，如完璧桥、洪福园、打渔张森林公园、王海石桥、打渔张花朝园、陈户战斗烈士纪念塔等。全县范围内共有 28 项非物质文化遗产，国家级非物质文化遗产 3 项，省级非物质文化遗产 3 项，市级非物质文化遗产 15 项，县级非物质文化遗产 7 项。

洪福园位于兴福镇兴一村南侧，古称姑棼行宫，又称洪福寺。起于殷商，兴于春秋，传承于汉明。古因后靠贝丘，前有渑水，以“背倚宝山，襟怀圣水”而被薄姑古国封土为坛。春秋时期成为齐国接待国宾使臣田猎游览之所。相传孔子早年居齐三月曾游姑棼观人射雁，由此发出“君子无所争，必也射乎！揖让而升，下而引，其争也君子”的赞叹。公元前 331 年楚怀王派屈原使齐，也曾游姑棼行宫返梧宫与齐修抗秦盟约。庄公八年，大将连称、管至父兴兵行宫，无道之君齐襄公由此灰飞烟灭。还有功垂战国几化干戈为玉帛的“稷下怪才，一代辩士”上卿大夫淳于髡、明代著名御医任重、明代隐士魏修庵等均在此留下许多动人传说。以洪福园为主体的庙会，由来已久，影响深远，如今当地的正月初九、三月三、九月九三次大集市，便是由历史上洪福园三次庙会演化而来。传说在庙会这天诸神下凡，黄河两岸的老百姓成群结队涌向洪福园，祈求神灵保佑五谷丰登、平安和顺。目前，洪福园庙会被列为市县非物质文化遗产保护名录。洪福园占地约 3 万平方米，有传统民族特色的文化大殿、玉皇殿、百子殿、三贤祠等仿古建筑 11 座；栽植花卉、树木 2 万余株。天地孝女炉姑的塑像也耸立在园内。1993 年，在兴福镇政府和各界人士的支持下，民间组织筹资 200 余万元，收集文人墨宝，在此兴建了大型文化碑林“华东碑林”。收藏有‘兴福之源，福兴之根’等碑刻的洪福碑廊共有名家碑刻 150 块。

图 81　洪福园塔

此图单纯地刻画了令人敬仰、巍峨壮观、耸入云霄的九级洪福宝塔，利用点线面和几何形进行疏密的构图，主次分明，并借助炭笔的粗糙干涩描绘出洪福园塔的历史年代感。以写实的手法表现塔体的整体态势，以写意的手法纵横涂抹塔体上的具体物象，生动的笔法和惟妙惟肖的刻画结合，展示了这一祈福之塔、希望之塔、护佑之塔的神圣与圣洁。

1870 年前后，地处黄河下游的山东省博兴县，自然灾害频频发生，以艺谋生的人渐增，他们学唱当地流行的杂曲小调和“打坐腔”，四处流浪，以艺乞食，较著名的有孙中新、张连信等，他们在化妆扬琴的基础上经过多次改革，使它既有较复杂的乐队伴奏，又有简单的武打场面，具备了戏剧的基本特征，形成了吕剧的雏形，为以后的发展奠定了基础。孙中新被誉为吕剧的创始人。吕剧产生以后以其浓郁的乡土气息和生动活泼、朴实优美的演出风格深受广大群众的喜爱和欢迎，演出队伍也不断发展壮大。20 世纪初，博兴县民间艺人孙中新、张连信吸收了博兴县吕艺镇刘官村的张兰田、徐振同等为徒从事演出；杨长兴、王乐堂等 9 人组成了“顺和班”在济南新兴市场“路生茶园”演出；1920 年，另一代艺人张传海、张明然、张传河等组成“义和班”和“庆和班”。至此，吕剧角色行当发展到生、旦、净、末、丑诸行并茂，基本唱腔已固定在“四平”“二板”“流水”“娃娃腔”等样式上，吕剧发展成剧目繁多、内容丰富、深受人们喜爱的剧种。2002 年，博兴县吕剧团正式成立。博兴县吕剧扽腔艺术传承保护中心被中共中央宣传部评为全国服务农民、服务基层文化建设先进集体，吕艺镇荣获“中国民间文化艺术之乡称号”。吕剧的唱腔和表演艺术蕴涵着浓郁的乡村气息，许多优秀剧目生动地反映出齐鲁民俗风情，内容健康活泼，戏词风趣诙谐，具有较高的思想性和艺术性，因而雅俗共赏，成为亿万群众喜闻乐见的一种著名地方戏曲。吕剧为推动山东戏曲艺术的繁荣发展，繁荣基层农民群众的文化生活起到了巨大的推动作用。

图 82　吕剧

图中描绘的是吕剧场景。男女角色妆发精致，衣袖线条松弛有度，人物动作姿态生动。画面采用简洁的线条表现人物，不依托任何背景，采用中国画白描的手法，利用线的方圆、曲直、疏密，有节奏地刻画了动态，传达出情境，让读者仿佛能听到其声音。

陈户战斗烈士纪念塔位于陈户村南200米处，系1946年博兴县政府为纪念在陈户、冯曼战役中牺牲的烈士所建。该塔坐落在高4米、边长20米见方的土台上面。塔身系青石砖结构，五层八角，攒尖顶式，高15米，边长均4米，正面（即南面）纵排“纪念烈士塔”5个大字。底层建拱形塔门，其余3面各嵌1石碑，分别镌刻战役经过和烈士姓名。周围砌砖花墙，高1.5米。1982年县政府公布为县级重点文物保护单位。

图83　陈户战斗烈士纪念塔

此图采用饱满的构图，将纪念塔顶天立地的耸立在画面上，造型简练概括，多用方线和方形符号表现塔的坚实有力和砖石坚硬的质感，用以表现烈士的坚强不屈和顽强拼搏的精神；用炭笔质感的特性勾填涂抹，丰富画面层次，体现画面语言，明暗对比强烈，虚实结合有度，活灵活现地塑造了威严肃穆的纪念塔。

图 84　裴袁纪念烈士亭

此图选用相对远观的角度，近景是左右对称的两棵常青树，枝叶繁茂，粗壮挺拔，俨然两个守护卫士；中景是小院门，两侧小墙，墙体有规则镂空，极富节奏感。院门居中，半敞开，正好让“浩气长存”四字碑映入眼帘，纪念亭只看到其顶，中间隆起，向两侧斜展，造型非常简练，但庄严肃穆。远景为纪念亭左侧的大树，高大挺拔，直插云霄，树叶随风摇曳，似在轻吟。画面线条或轻或重，或软或硬，或方或圆地表现不同的质感，用以表现烈士的坚强不屈和视死如归的革命精神。

裴袁纪念烈士亭位于博兴县纯化镇裴袁村北，是为纪念在裴袁战斗中牺牲的 20 多名指战员而建立的。虽然这段历史已过去大半个世纪，也没有留下太多的遗迹，但战士们英勇作战、赤诚为国的事迹一直被传颂。在纪念亭前，斑驳的大门有着历史的痕迹，透过一人多高的围墙便能看到里面的全貌。烈士纪念亭坐西向东，砖木结构，攒尖顶，亭呈方形，高 5 米，边长 3 米；四面镶嵌石碑，碑高 1.53 米，宽 0.7 米。东面碑镌刻着“浩气长存”四字，于三面分别撰刻战役经过、烈士姓名和建亭年代，亭四周以砖砌花墙围护。

利津县：
漫步利津　感悟黄河

黄河流经利津县 74 千米。黄河是利津县境内唯一自然河流，自西南向东北沿东县界径流，上界起自北宋镇董王村，经北宋镇、利津街道、盐窝镇、陈庄镇至西河口折向东北，至垦利区。

利津县位于东营市西部。介于北纬 37° 22′—38° 12′，东经 118° 07′—118° 54′ 之间。东依黄河，东北濒临渤海，东与垦利区、东营区为邻，南与博兴县隔河相望，西与滨州市滨城区、沾化区接壤，北与河口区相交。南北长 102.5 千米，东西宽 8.5 千米—25 千米，总面积 1665.6 平方千米，县境呈西南至东北向狭长带状。

截至 2021 年，利津县共有非遗项目 10 类 203 个。利津县实施“非遗”助力文旅、融合“金种子”工程被评为全省非遗保护十大亮点工作，北宋镇、汀罗镇被评选为全省“非遗助力脱贫、推动乡村振兴”典型乡镇，利津县积极开展“老街长巷”建设，推动黄河濒危非遗项目抢救挖掘和活态利用被评为 2020 年度山东省非遗保护十大亮点工作。提出了“非遗项目与发展平台一体打造”的新型保护开发模式，投资 600 万元，打造了“老街长巷——非遗文化街”，建设了老戏台、非遗文化展馆、“喜良缘”“慈母

图 85　利津博物馆

画面是建筑正面全景布局。利用平行透视构图，展现其建筑的整体性和完整性。利用炭笔的质感，硬实线刻画轮廓，以表现建筑坚实的效果；松软线勾勒内结构和装饰效果，以表现丰富的细节但不失整体性；局部结构的重色浓抹，以丰富画面的艺术表达形式，使读者在点线面和黑白灰的节奏中，既能感受博物馆这一现代建筑的震撼，又能感悟其内涵的博大精深。

坊”“木制轩”“老厨屋”“智趣苑”“大碗茶”“老门店”等非遗项目。传统曲目老扬琴、南岭豆腐、北岭丸子、手工制作、婚俗展演、民间小吃等非遗项目全部入驻。除此以外利津县博物馆、老街长巷非遗文化街、利津湿地以及东津渡遗址等也是著名的风景名胜。

利津县博物馆占地面积约 1.4 万平方米，建筑面积 7168 平方米，展厅面积 6410 平方米，2011 年 10 月 26 日正式开放，主要承载文物存储、人文历史展览、党性教育、城市发展规划展望和综合服务等功能，是一座集存储、陈列、展览于一体的综合性博物馆。现为省级文化体制改革先进单位、市级青年文明号、国家 AAA 级旅游景区。利津博物馆建筑造型如凤凰展翅，中间“火炬型”钢架结构为“凤冠”，东、西两侧的钢架结构为“双翼”。总体布局分为序厅、历史文化厅、党史国史厅、城市规划厅、多功能厅和文物储藏室六部分，通过实景还原、雕塑、沙盘、图片、实物、影像等方式，展现“铁门雄关、东津古渡、凤凰名城”的千年沧桑，展示利津经济社会的发展成就和宏伟蓝图。利津博物馆馆藏文物 3706 件，展出 100 件，其中：国家一级文物 1 件，二级文物 3 件，三级文物 50 件。同时，基于丰富的藏品优势，利津县博物馆集收藏、研究、社会教育三位一体，肩负着展示黄河口地区丰富的传统文化、普及自然科普知识、进行爱国主义教育的重任。

老街长巷非遗文化街位于盐窝镇，南起南岭村黄河大堤，北至北岭村，南北贯穿 4 个行政村，全长 5 千米。景区按照“一街三区”规划思路，打造非遗文创核心区、花田露营体验区、四贤历史文化区，重点突出非遗、民俗、国学、田园等元素，着力打造黄河流域文旅标杆。目前已入驻各类非遗项目 35 项，其中入驻刘氏布偶、利津水煎包、留年旗袍、黄氏酒坊等省级非遗项目 4 项。2021 年，老街长巷被评为 3A 级旅游景区，2022 年老街长巷入选全国非遗旅游村寨，核心区南岭村获评中国美丽休闲乡村。

图 86　老街长巷

画面主题是其标志性建筑，青砖灰瓦，细长梁柱，飞檐斗拱，庄严雄伟，将利津县老街长巷非遗文化街呈现在人们眼前。利用明暗对比和点线面营造去整体把握，舍去了一些琐碎的细节，以保证绘画语言的整体性。灵活地运用炭笔中锋及其侧锋，巧妙表现出老街长巷的气势，前后虚实结合，主次分明，淋漓尽致地将其浓厚文化气息从画面中召唤出来。

利津县历史悠久。早在周秦时代县境西南部是古陆地，属齐国。汉代属千乘郡漯沃县、蓼城县地。东汉后黄河在此域地入海，随着黄河三角洲的形成和发展，域地不断向渤海湾扩延。隋代建永利镇，属蒲台县。唐宋属渤海县永利镇。金代明昌三年十二月（1193 年 1 月）升镇为县，因邑有东津码头，故称为“利津”。

有史以来，在利津域内先后有两条水系循一条故道交替行水入海，一条是古济水，后称大清河。另一条是被尊称为“四渎”之宗、百水之首的黄河。两条名列“四渎”的著名河流，钟情古利津龙口宝地，默契相约交替而至，黄河龙尾左突右摆，最后定位在此，可谓奇迹。有河就有人类逐水而居，有人有河就有渡，于是，闻名遐迩的东津渡诞生了。唐代在渡口西 10 千米处建置渤海县，属棣州（沧州），渡口也因在州县东方，又是黄河上最东方的渡口，故称东津渡。从古至今，大到一国一州，小到一县一邑，一般都以山脉、江河划分，而江河之渡口历来为兵家必争之地。处在黄河下游的东津渡口也同样如此，特别是在抗日战争、解放战争期间发挥了独特的作用，被称为“英雄渡”。新中国成立后，东津渡仍是渡口兼码头。渡口的大型摆渡船可渡运马车和汽车。渡口是人们跨越大河的基石，它和大河相互依存。大河造就了渡口，渡口带活了大河。20 世纪 90 年代，黄河进入枯水期，连年断流，黄河航运暂停。而柏油公路建设快速，滨海路、永莘路、利禹路皆经利津城。2001 年 9 月，新时代的东津渡——利津黄河公路大桥建成通车，利津城成为东连山东半岛，西接京津唐的重要通道，自此，汽运代替了水运。随着时光的消逝，古时的东津渡已悄然淡出历史舞台，成为历史发展足迹的见证，消散在遥远的时空。然而不散的是那些闪耀古今、永远不朽的精神文化内涵。

图 87　东津渡遗址

此图表现了辽阔的水面、曲折蜿蜒的堤岸线及河岸生态。参差的草木，若隐若现的房屋，落日的余晖，稍有起伏的地面，黄色的土地，平静的水面等意象在写意手法的涂抹下跃然纸上，既形象生动又浮光掠影地描绘了东津渡遗址，似乎在诉说着它的过往与今生。

生态是梧桐树，发展是金凤凰。利津县从制约黄河滩区发展的一系列问题入手，最大程度实现人工湿地的环境效益、景观效益和经济效益。利津县黄河滩区地势呈临河面高、临堤面低态势。受此影响，滩区农田灌排能力弱，旱时引水浇灌难、涝时积水排不出，严重影响滩区经济发展。黄河滩区人工湿地项目建设项目已日渐成为百姓家门口的湿地景观和利津县的新地标。此外，利津县还着力建设了排涝、淤泥处置、水质净化湿地、景观等“四大工程”。针对农田排涝难、淤泥堆积等现状，利津县通过疏浚连通的方式增加湿地水域面积，建造溢流坝，使河道形成连贯水面。在河道淤积严重河段建设生态岛对污泥进行原位修复，采用微生物、酶与载体的自固定化技术对污染水体就地处理，实现水质净化。针对环境改善问题，利津县规划了6个景观布设点位，在其中穿插园林小品、园林植物等众多景观，打造以面带点、以点衬面的景观小品格局，实现人与自然和谐交流。

图 88　利津湿地生态图

此图描绘的是鸟类在空中自由飞翔的和谐画面，采用炭笔勾勒出鸟的形体，用笔尖借助巧力与技巧画出鸟的翅膀，形态各异，生动活泼，并借助水墨渲染背景，以此突出飞鸟洁白的羽毛，生动的体态。绘画中借用多种表现形式，呈现出一幅绝美的人与自然和谐相处的画卷，侧面体现出黄河生态区域生态得到有效治理。

东营区：海晏河清　时和岁丰

黄河是东营区境内唯一的自然河流。境内河段上起龙居镇老于村，下至龙居镇吕家村，全长 12.179 千米。境内有排水河道 8 条：支脉河、广利河、老广蒲沟、武家大沟、五六干合排、溢洪河、广蒲河、东营河，控制排水面积达 1524 平方千米。境内浅层地下水 300—500 米之内基本无淡水，绝大部分地区为全盐碱区。境内海岸线南起支脉河，北至青坨沟，总长 43.33 千米。滩涂总面积 139.57 平方千米，负 10 米浅海面积 534 平方千米，是浅海滩涂养殖和采捕贝类的最佳基地。

东营区位于东营市区偏南，黄河三角洲腹地。介于东经 118° 12′—118° 59′，北纬 37° 14′—37° 31′ 之间。东濒渤海，西依黄河，南与广饶县、博兴县接壤，北与垦利区毗邻。总面积约为 1178.17 平方千米。

全市有国家级非遗代表性项目 2 项、省级项目 22 项、市级项目 84 项、县区级项目 354 项，国家级非遗代表性传承人 1 名、省级传承人 7 名、市级传承人 62 名、县区级传承人 106 人，建立非物质文化遗产代表性名录体系。通过非遗普查和名录申报，挖掘、整理全市非遗资源，完善四级非遗保护名录体系。开展第六批市级非物质文化遗产代

图 89　渤海区抗战烈士祠

画面从正面角度入手，全景式地描绘出烈士祠的全貌，左右对称，坚硬敦厚，色调凝重，门楼顶抗日战士持枪立像，突出烈士祠凛然正气、端庄肃穆之感，浓重的碳墨，与白纸形成强烈的对比，突出烈士祠硬朗的线条轮廓，使人感受到浓重的历史感和仪式感，令人对前辈们抛头颅、洒热血、誓死守卫祖国守卫家乡的献身精神肃然起敬。

表性项目评选，评出非遗项目 68 项。风景名胜有黄河公园、渤海区抗战烈士祠、黄河三角洲动物园、黄河文化馆等，其中，渤海区抗战烈士祠是山东省爱国主义教育基地，山东省国防教育基地，山东省文物保护单位。

渤海区（牛庄）抗战烈士祠坐落于牛庄村与东隋村之间，是一座砖瓦结构四合院，南北 50 米，东西 30 米。1937 年“七七事变”日军大举进攻中国，侵占我大好河山，屠杀残害我国同胞，许世友、杨国夫率领清河、渤海两区军民，与日军激战千余次，创立渤海区抗日根据地。3914 名将士血洒疆场，为国捐躯。1944 年，渤海区党政军民捐资建祠，使民众哀思有寄，先烈忠魂有托。抗战烈士祠始建于 1944 年秋，1945 年 7 月投入使用，是华北地区第一批、鲁北地区建设最早、供奉抗战烈士人数最多的革命烈士纪念设施，是山东省爱国主义教育基地、山东省国防教育基地、山东省文物保护单位。

图 90　黄河公园一角

画面上，岸边几只白羽毛的鸟动态各异，或展翅或凝望，或起舞或降落于郁郁葱葱的叶片间，远处是波光粼粼的水面。绘画时利用的是有色底稿，底色是一层暖灰，鸟的身上采用白色色粉厚涂，使其质感和颜色更加突出，使其形态更加生动。周围植物与土地用点线面结合表现，随风起舞的水草，波光粼粼的水面，表现了黄河湿地上禽鸟与周围环境的和谐景象，是黄河流域生态治理成果的重要体现。

东营新区的主题公园位于新区城市主轴线上，占地 24 万平方米。由南到北贯穿一条轴线，黄河路入口、主题雕塑、行政办公中心，形成轴线上的几个主要景观视点，相互间既分别独立，又互相成为对景。按照区域功能的不同，黄河公园从南到北主要分为文化休闲区和中心活动区。黄河公园主题雕塑《凝聚》，是新区的标志性景观，雕塑高 22 米，底座高 1.7 米，位于公园主轴线上，红色的不锈钢以抽象的螺旋上升结构，表现出极具成长性的张力和势不可挡的升力；多线条的融合融汇，象征着黄河与渤海的融汇、新区与东营市的融汇。不锈钢材质的钢球居于螺旋体的中心，以其强大的凝聚力成为融汇的引力场、上升的动力源，代表着新区人民在区委、区政府的带领下，团结奋斗、开拓创新，共同创造美好生活、建设现代化的奉献与期待、信心与决心。

黄河三角洲动物园隶属于东营市文化旅游体育发展集团，是东营市政府于 2012 年重点建设的大型公益民生项目。为国家 AAAA 级旅游景区，总投资 4.5 亿元，占地面积约 0.67 平方千米。是目前黄河三角洲地区规模最大的集野生动物观赏与保护、科普教育、休闲娱乐为一体的综合性城市动物乐园，于 2013 年 10 月 1 日正式开园。整个园区功能配套完善，设有动物展示区、金虎饭店、欢乐部落等功能片区。其中，动物展示区目前已引进金虎、白虎、长颈鹿、河马、犀牛等珍稀野生动物百余种，数量达千余只。金虎饭店是东营市首家老虎主题餐厅，不但满足游客的味蕾，更能为游客提供一场视觉盛宴。为进一步丰富园区旅游资源，还陆续引进了“海洋馆”“6D 动感影院”等观赏体验项目。运营至今，园区先后荣获“山东省科普教育基地”“山东省诚信旅游示范单位”“全省林业科普基地”、东营市“五一劳动奖状”等荣誉称号。2016 年 12 月，设立“东营市野生动物救护中心动物园救护站”。

图 91　黄河三角洲动物园一角

作品构图饱满，黑白灰对比强烈，线条坚实有力。用线条的方圆曲直和黑白灰的涂抹，表现动物园景区外观的直观感受，建筑、石头、金属材质的装饰组成非常硬朗的整体造型，用硬线勾勒，宽线条涂抹，施以重色点点缀，表现出动物园建筑的质感和动物园园区的造型。使人对动物园产生幻想，仿佛能感受到动物园的活泼气息和欢快热闹的场景。

东营市黄河文化馆由中国地方志指导小组办公室、水利部黄河水利委员会和东营市三方共建、共管、共享，是集藏书、阅览、研究、展陈等功能于一体的综合馆，2018年被评为国家3A级旅游景区。东营市黄河文化馆挂有国家方志馆黄河分馆、东营市方志馆、黄河文化博物馆的牌子，是东营市第一家“国字号”场馆，旨在打造黄河文化标志，全国方志馆样板、东营文化名片的爱国主义教育基地。场馆借助中国传统礼器——鼎的造型，与周边建筑共同诠释“天圆地方”“革故鼎新”“黄河之水天上来”等文化内涵。主体建筑整体四层，建筑总面积20351平方米，展陈区面积10928平方米。展陈以“大河奔流”为总主题，包括“中华母亲河”“魅力黄河口”两个板块，分为八个主题展厅。以“志说黄河”“志说东营”的形式，通过多种展陈手段，展现黄河风采，讲述东营故事，使广大观众“纵览黄河、感知东营”达到“存史、资政、育人”的目的。

图 92　黄河文化馆

此图选取的角度是黄河文化馆的正面。黄河文化馆是现代建筑，整体呈“鼎”形，庄严雄伟。利用平行透视构图，展现其建筑的整体性和完整性。利用炭笔的质感，硬实线刻画轮廓，以表现建筑坚实的效果；松软线勾勒内结构和装饰效果，以表现丰富的细节又不失整体性；局部结构的重色浓抹，丰富了画面的艺术表达形式。画面整体运用黑白灰关系将文化馆大楼“托”于眼前，让黄河文化馆的形象以庄严大气和蔚为壮观的感觉屹立在观者眼前。

垦利区：
美丽河湖　水润垦利

黄河流经垦利126千米后奔腾入海，造就了独具特色的黄河百里景观带。黄河入海口、油田诞生地、红色大后方、魅力新城区是垦利的名片，黄河文化、石油文化、移民文化、海洋文化在这里交汇融合形成了独特的文化底色。近年来，垦利区用好用足黄河资源，做好陆海统筹文章，努力蹚出了一条文旅融合发展的新路子。

垦利区在东营市中东部。位于黄河入海口，地处胜利油田腹地。介于北纬37° 24′—38° 10′，东经118° 15′—119° 19′之间。区域呈西南、东北走向，南北纵距55.5千米，东西横距96.2千米。总面积2204.07平方千米。垦利，因境域曾被称作垦区和利津洼而得名。西汉以后黄河淤积退海而成。西半部，元末明初已有居户，大部分村落建于明、清两代。东半部，20世纪初始有人烟，大部分村落形成于30年代，有的村庄则在40年代解放后始成。1941年9月，垦区抗日民主政权建立，为建置之始。1943年，垦区正式称垦利县。主要旅游景点有黄河口生态旅游区、民丰湖休闲娱乐区、黄河入海口生态农业观光园、黄河口知青小镇、渤海垦区革命纪念馆等。是全国农村创新创业典型县。

黄河口知青小镇充分利用原山东建设兵团一师一团三

图 93　手扶拖拉机

此代表知青使用过的劳作器物，是历史的沧桑记忆。用干涩的记号笔勾勒轮廓，线条干湿浓淡皆在偶然中，以方线造型，略有皴擦，点线面结合，既准确描绘出机械的每一处关键部位，又不琐碎，有趣又生动，斑驳的体表，不规则的轮胎图案体现出时代的印迹，使得笨重的机械质感得以完美表现，仿佛还能听到机器的隆隆声和知青生产劳作时的欢声笑语。

营（山东省国营黄河农场三分场）旧址开发建设，该建筑群落始建于 20 世纪五六十年代，是目前东营市保留最完整、最具时代风格的新中国早期建筑群。小镇依托原黄河农场现存建筑群，充分挖掘黄河文化内涵和军垦、农垦、知青、兵团、农场等红色文化基因打造而成。是传统特色文化与新时代文化创意相融合的文旅样板。目前知青小镇是山东省确立的服务业特色小镇、省重点文化产业项目、省重点文旅项目，是中国科学院“美丽中国生态文明建设科技工程示范点”。也是东营市重点建设项目和《东营市“旅游富民”三年行动计划（2019 至 2021 年）》重点项目。

步入知青小镇，映入眼帘的建筑“孤岛汽车站”怀旧复古。原建筑始建于 20 世纪 60 年代后期，是当年兵团和农场唯一的综合交通设施。原建筑坐落于现黄河口镇政府驻地，久已废弃。2019 年，当地政府将它等比例复建，修旧如旧。如今汽车站内的场景都是老知青们记忆中的样子，所以这里始终是他们回家的心灵驿站。

山东黄河三角洲国家级自然保护区于1992年10月由国务院批准建立，总面积1530平方千米，是山东省第一处国际重要湿地和唯一一处国家级示范自然保护区，拥有中国暖温带最年轻、最广阔、保存最完整的湿地生态系统。黄河口生态旅游区依托山东黄河三角洲国家级自然保护区而建，位于黄河现行入海口处，区内拥有河海交汇、生态湿地、珍稀濒危鸟类、滨海滩涂景观和石油工业等独具特色的生态旅游资源。2005年10月1日正式对游客开放。2020年1月7日，文化和旅游部公布了22家新晋国家5A级旅游景区名单，黄河口生态旅游区成功入选，这是山东省唯一获此殊荣的景区，成为黄河流域第29家5A景区。这里是黄河入海的地方。黄河携带大量泥沙在此流入渤海，沧海桑田，大河息壤，被誉为共和国最年轻的土地；黄龙入海，雄浑的黄河与碧蓝的大海相拥，造就了“河海交汇”的旷世奇观。这里是中国沿海最大的新生湿地自然植被区。旅游区内植物资源丰富，共有植物685种，拥有成片上万亩的红地毯以及华北平原地区面积最大的人工刺槐林。代表物种有刺槐、旱柳、槎柳、芦苇、盐地碱蓬等，其中国家二级保护植物野大豆43平方千米、天然芦苇270平方千米、天然草地120平方千米、天然柽柳灌木林150平方千米，区内植被覆盖率约55.1%。

图 94　黄河口生态湿地

画面描绘了黄河婉转奔流，两岸水草丰茂，生机勃勃，远处落日悬挂天际，天空中橙黄色的彩霞映照在大地与黄河之上，交相辉映。画面色彩纯净，色调统一，对比强烈，颜料饱满，远处大笔挥毫云层丰富，近处色彩饱和水的乐章，干笔糅戳带出植物摇曳丰茂之感。整幅画面生动自然，活灵活现，可谓是“落日披霞处，红透雁天堂”。

图 95　和合共生

此图选取黄河边的景象，富有诗意地表现出波光粼粼的水面，倒映着落日的余晖，三只硕大的，憨态可掬的大白鹅相拥在水草边，形成画面的“画眼”。大白鹅身体的色彩亮白通透，同时又映射着环境中的丰富色彩，水草随风起舞，折射着余晖的暖色，一幅非常祥和的情境扑面而来，如此可爱又迷人的景色，仿佛能让读者回到童年时光。

垦利作为黄河入海的地方，拥有“河海交汇、新生湿地、野生鸟类”三大世界级旅游资源。在实施黄河流域生态保护和高质量发展国家战略的背景下，垦利围绕“黄河入海”这一核心，统筹规划，协调推进，打造文化旅游一体化发展格局，凝聚力量，集中全区资源，倾力打造沿黄游、滨海游，出台专项扶持政策，推动入海口区域旅游业快速发展。旅游区内鸟类资源丰富，珍稀濒危鸟类众多，共有鸟类368种，其中国家一级保护鸟类丹顶鹤、东方白鹳等12种，国家二级保护鸟类灰鹤、大天鹅等51种，是东北亚内陆和环西太平洋鸟类迁徙重要的“中转站”、越冬地和繁殖地，被誉为“中国东方白鹳之乡”和“中国黑嘴鸥之乡”。“河海交汇”“新生湿地”“野生鸟类”三大品位好、体量大、价值高的旷世奇观资源，是独一无二的世界级旅游资源。拥有国际重要湿地、国家级示范自然保护区、国家森林公园、国家地质公园、中国六大最美湿地等多项桂冠，具有重要的文化、旅游、艺术和科研价值。

图 96　渤海垦区革命纪念馆

革命纪念馆置于画面正中央，是个全景图式，此建筑整体偏亮，用其前方的植物加以遮挡点缀。利用成角透视的构图形式，把空间和环境深度拉开，利用炭笔的线条勾勒和适度的色调涂抹，细节的点缀和润色，增加了画面的层次，增强了位于画面中央纪念馆的威严之感。

渤海垦区革命纪念馆位于垦利区永安镇，现为国家AAA级旅游景区，于2006年建成并免费面向社会开放，建筑面积3200平方米，设有9个展厅、1个报告厅和红色文化设施，馆藏实物763件，布展图片584幅，生动再现了垦区抗日根据地的创建、党政军群工作生活、垦区建设等情形。2015年12月，渤海垦区革命纪念馆被省委宣传部公布为“山东省爱国主义教育基地”。2020年垦利区实施了渤海垦区革命纪念馆改陈布展工程，改陈布展完成的渤海垦区革命纪念馆现已重新对外开放。纪念馆一楼大厅为序厅，讲解纪念馆总体情况；左侧为放映厅兼会议室、临时展厅；右侧为圆桌会议室。二楼依序设置五个展厅，按照时间脉络，分别为：奋举义旗，点燃清河平原抗日烽火；挥师北进，创建清河平原抗日根据地；艰苦奋斗，建设稳固大后方；同仇敌忾，夺取抗日战争胜利；无私奉献，迎接新中国诞生。改陈布展后的纪念馆紧扣共产党人的初心使命，把珍贵的革命文物、厚重的历史资料、生动的历史场景全方位展示出来，用党的奋斗历程和光荣传统鼓舞人、感染人、打动人。

河口区：
五彩河口　黄蓝交汇

黄河曾经流经河口区，由东营入海以来，由于泥沙量过大，出海口门屡被泥沙淤积，出水不畅，在以宁海为顶点的三角洲洲面上发生 50 多次分汊、决口，导致尾闾流路多次变迁。1976 年 5 月，在罗家屋子进行人工截流成功，炸开西河口引河挡水坝，改由清水沟入海，行水至今。

河口区位于东营市北部。渤海南岸，黄河入海口北侧，境域属典型的黄河三角洲地貌，地势南高北低，西高东低，为暖温带季风型大陆性气候。介于北纬 37° 45′—38° 10′，东经 118° 07′—119° 05′之间。东、北两面临海，西与原沾化县（现沾化区）为邻，南与利津县接壤，东南面与垦利区毗邻。南北长 43 千米，东西长 79 千米，总面积 2267.44 平方千米，海岸线长 214.21 千米。

河口区是黄河三角洲的前沿城市，是胜利油田的主战场。境内有河口、孤岛、孤东、桩西四个采油厂，海洋石油开发公司，渤海钻井总公司及济南军区生产基地等单位。河口区内临黄河，东、北两面环海，海岸线长 254.37 千米，是环渤海经济区与黄河经济带的交汇点，还拥有国际重要湿地、国家级示范自然保护区、国家 5A 级旅游景区、国家森林公园、国家地质公园、山东省十大文化旅游目的地、

图 97　黄河故道冬日雾凇

此图运用写意的手法表现出灰蒙蒙的天空、树杈、枯草和河道。巧妙利用黑白灰的布局和点线面的节奏突出了冬日白茫茫一片的雾凇奇景。画面黑点和白点疏密点缀，黑点代表物象，白点代表飘雪。非常生动且带有温度地表达了河口雾凇的美丽景观。

中国六大最美湿地等多项桂冠，具有重要的文化、艺术和科研价值。

被称为黄河故道的刁口河位于黄河西河口附近北堤，自南向北注入渤海，全长 52 千米，流域面积 1000 平方千米。滚滚黄河，在流经九个省、自治区、直辖市以后，从清水沟流路注入渤海。这是黄河 1976 年改道以来稳定入海流路最长的时期。因为河口泥沙淤积越来越严重，入海河流壅高，河水下泄不畅，改道清水沟入海。刁口河遂成黄河故道。新中国成立后黄河在北起宴儿河口，南到支脉河口的扇形冲积平原上频繁摆尾，断断续续形成了 9 条故道。刁口河在淤废后湮没沉寂，与昔日的宋春荣沟、甜水沟、神仙沟等，一起成为黄河故道，遁入了黄河入海口一望无际的水草。

河口区地下石油和天然气资源富集，已探明石油地质储量 21 亿吨，天然气储量 170 亿立方米，境内油气年产量占胜利油田的 47%，成为胜利油田（中国第二大石油生产基地）的主产区。

石油、天然气储藏地质位置主要分布在济阳坳陷东北部至沾化凹陷东部的海滩和极浅海区域。油藏类型有断块油田、疏松砂岩油田、裂缝性潜山油田、稠油油田和极浅海油田。按区位可分为河口区块和滨海区块两大区块，河口区块主要有河口采油厂所辖油田，滨海区块主要有孤岛、孤东、桩西 3 个采油厂和海洋石油开发公司所辖油田。自 1971 年孤岛油田会战至 2000 年底，河口区境域石油生产大体经历勘探找油、开发建设、全面发展三个阶段。共建成油气田 18 个，累计产原油 25917.48 万吨。

图 98　油田一瞥

画面强烈的黑白对比是简化形体、提炼形象的艺术处理手法。以剪影的效果表现石油生产机械的厚重与力量，几个几何形的组合与穿插，几条水平线与垂直线的碰撞，产生了机械化大生产的视觉韵律美和节奏美。

图 99　黄河口湿地生态

画面中间是蜿蜒流转的黄河水穿梭在水草间，鸟类或飞在天空，或卧在水面，远处太阳冲破云雾，点亮画面。此画采用远眺式构图，拉开了广阔的天地空间，登高俯瞰，黄色的河水犹如一条巨龙伸入蔚蓝的大海，泾渭分明，堪称奇观。

黄河三角洲国家自然保护区和国家级森林公园内，以独有的黄河口湿地生态景观而闻名。古诗云：“黄河之水天上来，奔流到海不复回。”而诗中所指黄河入海口就是此处了，它是因 1855 年黄河改道而成，地处渤海与莱州湾的交汇处，黄河千年的流淌与沉淀，在它的入海口成就了中国最广阔、最年轻的湿地生态系统，这就是黄河口湿地生态园，属于高度特异性旅游资源，具有很强的观赏性。因其独特的湿地生态环境，得天独厚的自然条件，园内的生物资源非常丰富，有刺槐林 1.2 万公顷，各种生物 1917 种，其中水生动物 641 种，属于国家一级保护的有达氏鲟、白鲟两种；这里也是鸟类的栖息地，鸟类主要有丹顶鹤、白头鹤、白鹳、中华秋沙鸭、金雕、白尾海雕等多种国家一级重点保护鸟类，国家二级保护的鸟类有 30 多种，成为鸟类生活的乐园。是集生态原始旅游、湿地科学考察、鸟类研究、爱国主义教育于一体的旅游地。世界黄河入海口，在这里你可以看到中华民族母亲河入海的样子，观赏河海交汇的景观，还有一望无际的芦苇湿地景观，向社会开放后，每年都会吸引大批的游客。除此之外，为了体现黄河口湿地生态园的原生态美，特别推出了纯手工纺织的黄河口品牌的老粗布旅游纪念品，非常有特色。

黄河携带大量泥沙从河口区流入渤海，沧海桑田，大河息壤，被誉为共和国最年轻的土地；黄龙入海，雄浑的黄河与碧蓝的大海相拥，造就了“河海交汇”的旷世奇观。这里是鸟类的国际机场。区内鸟类资源丰富，珍稀濒危鸟类众多，共有鸟类373种。区域内有国家一级保护鸟类丹顶鹤、东方白鹳等26种，国家二级保护鸟类灰鹤、大天鹅等65种，是东北亚内陆和环西太平洋鸟类迁徙重要的“中转站”、越冬地和繁殖地，被誉为“中国东方白鹳之乡”和“中国黑嘴鸥之乡”。这里是中国沿海最大的新生湿地自然植被区。区内有植物685余种，区内植被覆盖率约55.1%。这里拥有成片上万亩的红地毯以及华北平原地区面积最大的人工刺槐林。是我国及世界上研究河口新生湿地生态系统形成、演化及发展规律的最佳场所。“河海交汇”“新生湿地”和“野生鸟类”三大品位好、体量大、价值高的旷世奇观资源，具有独特的旅游资源禀赋和不可复制性，是独一无二的世界级旅游资源。

图 100　黄渤海交汇处

利用炭笔通过黑白对比，形象地将黄河与大海交汇的壮观景象，呈现于眼前。采用俯瞰式构图，表现出黄渤海交汇处辽阔的空间，河海交汇处，恰如一条黄绿相间的飘带，把鎏金的河水与碧蓝的海水劈为两半，河黄海蓝，格外分明。

后　记

在中华大地上，有一条波澜壮阔的母亲河，她的名字叫黄河。黄河不仅仅是一条河，更是中华民族的灵魂之源，是创造力和文明的源泉。山东是黄河流域的重要组成部分，黄河流经山东省九个地级市，二十五个县（市、区），共同见证了黄河的辉煌历程。

本书用画笔对黄河文明进行探索，将黄河流经山东的美丽人文景观一一呈现，展示了这片土地丰富多彩的历史文化、独特民俗和壮丽自然风光。书中按照黄河在山东流经的先后顺序，逐一描绘了各个县（市、区）的地理位置、人文景观，以及饱含故事的历史遗迹和丰富多彩的民俗文化，并用百幅作品勾勒出了黄河流域丰富多彩的画卷。每一幅画作都是一次对历史、文化、自然的深度感悟，是我对这片土地深深的眷恋。书中的绘画作品都是以速写的形式表现，有古建筑、纪念塔、红色教育基地，有民间故事、名人志士、黄河风景等，将这片土地的人文景观呈现得淋漓尽致。每一幅画作都是对黄河文明的深情表达，是用心灵之笔描摹出的一幅幅人文画卷。这些画作不仅是对历史的致敬，更是对黄河大地的深切热爱，是对黄河文化传承和创新的积极努力。

希望这本书能够开启读者的黄河之行，感悟山东丰富多彩的文化底蕴、各地的风土民情和古今故事，更冀盼开启一场对历史的回望，对文明的敬仰，更是一次对艺术之美的欣赏。

本书获聊城大学黄河学研究院、山东省中华优秀传统文化传承基地资助，也得到国家社会科学基金艺术学重大项目“中国艺术民俗学的理论与实践研究”（22ZD06）的项目支持。还是“青少年研学与红色美术传承融合机制研究”（R22WD39）和“博弈论视野下的中国油画文化自信的生成逻辑”（321022012）、“美术类大学生革命精神认同的提升路径研究”（321021939）的阶段性成果。

本书是我在大量的查阅资料，大量的走访和大量的写生中完成的，接近两年的时间，虽有辛苦，可看到书稿的成形，还是非常欣慰。在搜集和调研过程中，老朋友、老同学、老学生和在校生都给我提供了大量的信息、信函、图书等资料和一手材料，向宋振田、李雅纯、王玲、冀迎君、李雪平、卢广彬、薛新新、刘舒亚、彭然、孙姝彦、张赛坤、周文静、宋佳艺等表示感谢；目前在读的，我的几位硕士研究生参与了文字的搜集、整理和校对，对蔡大伟（1—6）、姚新萌（7—13）、臧浩邦（14—19）、徐淑敏（20—25）表示感谢；整本书的文稿梳理和校对由我和刘辉完成，对刘辉表示感谢；美术与设计学院校内其他单位的老师也给予建议和意见，并对作品给予了大量的指导，对他们深表谢意；还要感谢我的家人的支持，尤其是我的女儿，由于大量的绘画，整个2023年暑假都没有多少时间和精力陪她，对她表示深深的歉意和谢意。

本书中我主要是通过绘画形式表现黄河，也是考虑到绘画的表现效果，因此有些案例并不是该县（市、区）最具有代表性的，有些诸如考古（古迹）不易于图绘表现等，因此会存在诸多的不足与遗憾。

本书在编写的过程中引用了、借鉴了大量专家学者的研究成果，除了正文中注明的，其他大量来自沿黄河 25 县（市、区）的政府网站、文旅部门网站等近三年的最新资料和数据，还大量引用了报纸、期刊、书刊等文献资料，在此一并表示感谢！

本书在编著上时间上有些仓促，精力上有些不足，能力上有些差距，所以，差错在所难免，恳请各位读者批评指正，正是您的直言不讳，才是我进步的力量。

王东兵

2025 年 3 月